Zwiebelblumen & Co

schnell & einfach

> Autorin: **Karin Heimberger-Preisler** | Fotografen: **Jutta Schneider/Michael Will und andere bekannte Gartenfotografen** | Zeichnerin: **Heidi Janiček**

Inhalt

Gartenpraxis

Das 5-Stufen-Erfolgsprogramm

>> schnell & einfach

➤ **GU Serviceseiten**

Gartenpraxis

Plätze für Zwiebelblumen

Es gibt kaum einen Gartenbereich, der sich nicht mit diesen faszinierenden Überlebenskünstlern verschönern ließe.

Zwiebelblumen treiben ihre Blätter und Blüten innerhalb kurzer Zeit wie aus dem Nichts. Nach prunkvoller Blüte ziehen sie sich bald darauf wieder völlig in ihre

> Auf der Wiese und am Gehölzrand fühlen sich bunte Krokusse sehr wohl.

unterirdischen Speicherorgane zurück. Diese Strategie hilft ihnen, an ihren Heimatstandorten Trockenphasen oder lichtarme Zeiten geschützt im Erdinneren zu überstehen. Folgende Speicherorgane gibt es:

➤ Bei der klassischen **Blumenzwiebel** schützt eine trockene äußere Schale die dicht gepackten inneren Schalen.

➤ **Knollen** sind spezialisierte Teile des Pflanzensprosses oder umgewandelte Wurzelteile. Sie können zwiebelförmig ausgebildet sein wie bei Krokussen, als flache Scheiben wie bei Knollenbegonien oder spindelförmig angeschwollen wie bei Dahlien.

➤ Ein **Rhizom** ist ein fleischig verdickter Wurzelstock. Zu den Zwiebelpflanzen gehören nur jene Rhizome bildenden Arten, die bald nach der Blüte einziehen.

Der richtige Boden

Stauende Nässe vertragen die wenigsten Arten, weil die unterirdischen Speicherorgane bald zu faulen beginnen. Auf leichten Böden mit

hohem Sandanteil fühlen sich Zwiebelblumen deshalb auf Anhieb wohl. Schweren Böden mit hohem Tonanteil hingegen sollten Sie vor der Pflanzung reichlich Sand oder Kies zugeben, um sie durchlässiger zu machen.

Ausreichend Licht

Viele Zwiebelpflanzen erblühen sehr zeitig im Jahr, wenn die Bäume noch kein Laub tragen und die Stauden erst allmählich aus dem Winterschlaf erwachen. Ohne den Konkurrenzdruck der Nachbarn steht den »Frühaufstehern« den ganzen Tag das Sonnenlicht zur Verfügung. Auch unter den sommer- und herbstblühenden Zwiebelblumen findet man hauptsächlich lichthungrige Vertreter. Allerdings sind die Pflanzen in der Regel so anpassungsfähig, dass sie auch mit halbschattigen Plätzen zurecht kommen.

Geeignete Standorte

Der richtige Platz ist die beste Voraussetzung, dass die Zwiebelblumen gut anwachsen.

TIPP

> Tulpen wirken im Beet in Gruppen besonders reizvoll. Sie können gut mit anderen Frühjahrsblühern kombiniert werden.

>> schnell und einfach

Vorbild Natur

Holen Sie sich bei Ihren Spaziergängen Ideen:

➤ In Laubwäldern leisten von März bis April weißes Buschwindröschen und gelber Lerchensporn einander Gesellschaft.

➤ Am Gehölzrand weben ab Februar Krokus, Schneeglöckchen und Winterling bunte Blütenteppiche.

➤ Hin und wieder entdeckt man noch frische Wiesen, die im April und Mai mit Narzissen übersät sind.

➤ Unter Gehölzen breiten im Frühjahr viele zauberhafte Wildarten ihre Blütenteppiche aus. Trotz ihrer geringen Wuchshöhe sorgen sie nach den langen Wintermonaten für viel Aufsehen.

➤ Wiese und Rasen bieten eine ideale Kulisse für den Auftritt früh blühender Zwiebelblumen. Bei geschickter Pflanzenkombination blüht's hier von Februar bis April.

➤ In Beeten und Rabatten zünden prächtige Zuchtformen im Frühling ein Feuerwerk an Farben. Später sind sommer- und herbstblühende Arten gern gesehene Partner von Stauden und Rosen.

➤ Im Steingarten sind die Zwiebelblumen eine harmonische Ergänzung zu den Polsterpflanzen. Auf dem steinigen, lockeren Boden finden zarte Wildarten ideale Bedingungen vor.

➤ Auch in Töpfen und Balkonkästen zeigen Zwiebelblumen, was alles in ihnen steckt. Man kann die Gefäße mit den Zwiebeln bestücken oder vorgezogene Pflänzchen eintopfen.

PRAXISINFO

Spezialisten für schwierige Fälle

✗ **Feuchte bis nasse Böden:** Hier gedeihen Märzenbecher und Schachbrettblume. Man kann die beiden Frühlingsblüher an den Teichrand oder in ganzjährig feuchte Wiesen pflanzen.

✗ **Karge, trockene Böden:** Saatgladiole, Steppenkerze und hohe Zierlauch-Arten kommen hier klar.

✗ **Schatten:** Der Gefleckte Aronstab fühlt sich an ganztägig beschatteten Plätzen unter lichten Gehölzen wohl.

Qualität kaufen

Damit sich aus den unscheinbaren Zwiebeln und Knollen prächtige Blüten entwickeln, sollte man nur einwandfreie Ware erwerben.

Die meisten Zwiebelblumen kommen in ihrem Ruhesta-

> In Fachgeschäften finden Sie eine große Auswahl an Blumenzwiebeln.

dium, also als Zwiebel, Knolle oder Rhizom in den Handel. Das macht sie preiswert, jedoch muss man sich bei den Angaben zur Sorte, Blütenfarbe und Pflanzzeit auf den Produzenten verlassen.

Kriterien für Qualität

Bei lose in Netzen angebotenen Zwiebeln und Knollen können Sie sich problemlos von ihrem äußeren Zustand überzeugen.

➤ Schauen Sie sich die Speicherorgane rundum genau an. Sie sollten keine Druckstellen, Verletzungen, Verfärbungen oder schimmelige Stellen aufweisen.

➤ Beim prüfenden Wiegen in der Hand kann man leicht feststellen, ob die Größe der Zwiebel oder Knolle in einem angemessenen Verhältnis zu ihrem Gewicht steht. Schwere Exemplare lassen auf ein prall mit Nährstoffen und Wasser gefülltes Inneres schließen.

➤ Eine Faustregel besagt: »Je größer die Zwiebel ist, umso größer wird die Blüte.«

➤ Zwiebeln ohne schützende Außenhülle wie die von Kaiserkrone und Lilie müssen vor dem Austrocknen geschützt werden. Verantwortungsvolle Händler bieten sie eingebettet in feuchtes Material wie etwa Torfmull an.

Verschiedene Anbieter

Wenn die oben genannten Qualitätskriterien bei Supermarktware zutreffen, spricht nichts dagegen, die Zwiebeln hier zu erwerben. Ein breiteres Angebot findet man jedoch in Gärtnereien, Gartencentern und spezialisierten

SPARTIPP

Katalogbestellung

>> schnell und einfach

Manche Versandgärtnereien staffeln ihre Preise nach der Höhe der Verkaufsmenge. Es macht z. B. einen Unterschied, ob man von einer bestimmten Tulpensorte 10, 50 oder 100 Zwiebeln nimmt.

➤ Reichen Sie den Katalog an Nachbarn und Bekannte weiter und bestellen Sie dann gemeinsam.

➤ Bei einer einzigen Lieferadresse reduzieren sich zudem die Versandkosten, weil man den Betrag anschließend durch die Anzahl der Besteller teilen kann.

Zwiebelblumen-Fachbetrieben. Letztere vertreiben ihre Ware meist per Versand. Als Kunde bietet Ihnen die Bestellung über Katalog den Vorteil, dass Sie die Pflanzen zu Hause in aller Ruhe auswählen können.

Bedarf einschätzen

Vor dem Kauf sollten Sie sich genau überlegen, welche Arten und Sorten wohin kommen sollen. Wer eine naturnahe Verwendung der Zwiebelblumen, etwa am Gehölzrand oder in der Blumenwiese, anstrebt, hat es vergleichsweise einfach: Oftmals werden komplette Mischungen von Arten und Sorten angeboten, die sich zum Verwildern eignen. Oder Sie stellen selbst eine Auswahl verschiedener Arten zusammen, die Ihnen gefällt.
Soll hingegen ein ganzes Beet mit Zwiebelblumen bestückt werden, ist es wichtig, dass Sie verschiedene Wuchshöhen auswählen und die Blütenfarben harmonisch aufeinander abstimmen. Oft ist eine Skizze hilfreich, anhand derer Sie dann eine Einkaufsliste mit der benötigten Anzahl von Zwiebeln und Knollen erstellen können.

> *Wer nicht zur rechten Zeit pflanzen konnte, kauft vorgezogene Exemplare.*

Vorgezogene Pflanzen

Pflanzzeit (→ Seite 22) verpasst? Auch kein Problem, denn in der Gärtnerei finden Sie zur Saison vorgetriebene Zwiebelblumen-Klassiker wie Tulpen, Narzissen, Hyazinthen, Ranunkeln und Dahlien. Sie lassen sich problemlos in den Garten oder in Pflanzgefäße umsetzen. Wählen Sie kräftige, gesunde Pflanzen mit frischen grünen Blättern und Knospenansatz, dann können Sie sich bald an ihrer Blüte erfreuen. ∎

CHECKLISTE

Beim Einkauf beachten

✔ Kaufen Sie die Zwiebeln zur Pflanzzeit und setzen Sie sie bald ein.

✔ Meiden Sie Ware mit vertrockneter, runzeliger Außenhülle und sichtlich eingefallenem Gewebe.

✔ Achten Sie auch auf kleine Faulstellen und Verletzungen.

✔ Narzissen sollte man mit Tochterzwiebeln als so genannte Doppel- oder Dreifachnasen erwerben.

✔ Die Wurzeln sollten weder matschig noch eingetrocknet sein.

Zwiebeln treiben für
Winterblüten

Blüten, die einen noch mitten im Winter vom Frühling träumen lassen – das Treiben macht's möglich! Besonders reizvoll ist die Treiberei auf Wassergläsern, da sich so der Austrieb der Zwiebel genau verfolgen lässt. Zudem sind die oft kunstvoll geschliffenen Gläser ein schöner Schmuck für jede Tafel. Neben den altbekannten Hyazinthen-Gläsern kommen neuerdings auch Amaryllis-Gläser in Mode.

Sie setzen speziell für die Treiberei vorgesehene Zwiebeln von Amaryllis und Hyazinthe aufs wassergefüllte Glas. Der Zwiebelboden sollte gerade nicht das Wasser berühren. Die Gläser mit den Hyazinthenzwiebeln müssen zunächst kühl und dunkel aufgestellt werden. Damit kein Licht an die Triebspitze dringt, setzt man der Zwiebel ein Hütchen aus dichtem Papier auf. Sie können ihn aus Geschenkpapier basteln.

Erst wenn die Wurzeln das Glas ausfüllen, stellt man die Hyazinthen wärmer und nimmt den Hut ab. Nur zwei bis drei Wochen später hat sich der Blütentrieb entwickelt. Im Unterschied zu den Hyazinthen treiben die Wärme liebenden Amarylliszwiebeln am besten im hellen und warmen Zimmer. Es dauert etwa 3–4 Wochen, bis sich Wurzeln bilden und der Blütenschaft sich langsam aus der Zwiebel schiebt.

Die klassische Hyazinthen-Treiberei liegt wieder ganz im Trend. In gut sortierten Läden finden Sie eine Auswahl schöner Treibgläser und Sie bekommen auch präparierte Zwiebeln.

Zwiebel antreiben

Setzen Sie die Zwiebel auf das
mit Wasser gefüllte Glas.
Amaryllis treiben auch ohne
Hut, er wirkt aber dekorativer.

1

2 ## Wasser ergänzen

Füllen Sie regelmäßig so viel Wasser
nach, dass der Zwiebelboden gerade
nicht im Wasser steht. Sobald die Wurzeln zu wachsen beginnen und der Trieb
erscheint, wird das Hütchen entfernt.

Blüte pflegen

3

Drehen Sie die Vase ab und zu,
damit der Stiel gerade wächst
und das Glas nicht aus dem
Gleichgewicht bringt. Wasser
weiterhin regelmäßig auffüllen.

11

Bunte Frühlingsbilder

Zwiebelblumen gehören zu den vielfältigsten und zuverlässigsten Frühlingsboten in jedem Garten.

Ihr unterirdischer Wasser- und Nährstoffvorrat macht sie zu Beginn des Austriebs weitgehend unabhängig von einer äußeren Nährstoff- und Wasserzufuhr. Deshalb sind sie im Frühling die Ersten, die sich ans Tageslicht trauen.

Erste Blüten

Der Boden beginnt gerade erst zu tauen, da erheben sich schon die zierlichen Blüten des Schneeglöckchens aus der Erde. Man pflanzt es am besten unter Laubgehölze, wo zur Blütezeit noch viel Licht hinkommt. Ideale Partner sind gelber Winterling und lila Vorfrühlingskrokusse.

Wild und schön

Züchterisch nicht bearbeitete Wildarten entwickeln sich umso prächtiger, je weniger man sich um sie kümmert. Sie lieben naturnahe Wiesen, lückige Rasen oder Gehölzränder. Im ersten Jahr spärlich über die Fläche verteilte Zwiebel-Tuffs werden sich durch Brutzwiebeln und Selbstaussaat innerhalb der kommenden Jahre immer dichter schließen. Mehrere verschiedene Arten kombiniert ergeben einen fröhlichen Eindruck, während man mit üppigen Beständen einer einzigen Art eine ganz bestimmte Farbstimmung erzielt. Wilde Narzissen verwandeln die grüne Fläche in

> *Papageitulpen bestechen durch ihre eigenwillig geformten Blütenblätter.*

ein sanft wogendes Blütenmeer. Und wenn es Ihnen die Farbe Blau angetan hat, dann können Sie Ihrem Hausbaum ja einen Hofstaat aus Blausternchen zu Füßen legen.

Zwischen Fels und Stein

Bis sich die kissenförmigen Polsterstauden im Steingarten mit ihren Blüten schmücken, haben die Zwiebelblumen ihren großen Auftritt. Die Netziris schiebt bereits im Februar ihre violettblauen Blüten aus der Erde. Als farblich kontrastierender Begleiter empfehlen sich der gelb blühende Ankara-Krokus und die pinkfarbene Lichtblume (→ Tabelle S. 54). Damit die

>  *Die zarten Blausternchen verzaubern im Frühling den Gehölzrand.*

kleinen Kostbarkeiten trotz ihrer Zartheit gut zur Geltung kommen, pflanzt man sie am besten in größeren Gruppen. Sehr gut machen sich zwischen dem kargen Gestein auch die zierlichen Wildarten von Tulpe und Narzisse sowie niedrige Zierlauch-Arten und die Strahlenanemone.

Frühlingsmix im Beet

Tulpen sind die absoluten Stars im Frühlingsgarten. Für die Beetbepflanzung steht eine Auswahl faszinierender Sorten zur Verfügung, angefangen von den Triumph-Tulpen mit der klassischen Kelchform bis hin zu den wild zerzausten Papageitulpen. Zusammen mit Narzissen, Hyazinthen, den filigraneren Traubenhyazinthen und großblumigen Kaiserkronen entstehen im April und Mai traumhafte Frühlingsszenarien.

➤ Bei einer Wechselbepflanzung sind die Zwiebelblumen die alleinigen Hauptdarsteller, begleitet von dankbaren Frühlingsblühern wie Gänseblümchen, Hornveilchen und Stiefmütterchen. Wenn Ende Mai ihr Blütenrausch vorbei ist, gräbt man die Zwiebeln und Knollen aus, lässt sie in

In der farbenfrohen Gruppe setzen Tulpen und Narzissen Akzente.

einer ruhigen Ecke des Gartens einziehen und lagert sie dann bis zum Herbst kühl und trocken ein. Das nun freie Beet wird mit Sommerblumen neu bepflanzt.

➤ Bei einer Dauerbepflanzung setzt man die Zwiebelblumen in kleinen Gruppen zwischen Blütenstauden. Ist die Zwiebelblumen-Blüte vorbei, verdeckt das frisch austreibende Laub der Stauden ihre langsam einziehenden, vergilbenden Blätter. ◼

PRAXISINFO

Zum Verwildern geeignet

Diese Zwiebelblumen entwickeln sich zu immer größeren Beständen:

✗ **Vorzugsweise am Gehölzrand:** Buschwindröschen, Herbstzeitlose, Lerchensporn, Schneeglöckchen, Traubenhyazinthe, Winterling

✗ **Vorzugsweise in Wiese und schütterem Rasen:** Blausternchen, Krokus, Märzenbecher, wilde Narzissen, Puschkinie, Schachbrettblume, Schneeglanz, Siegwurz

Sommer-Attraktionen

Passend zur warmen Jahreszeit geben sich die Zwiebelblumen exotisch und bereichern den Sommerflor mit faszinierenden Blüten. Während im Frühjahr viele Zwiebelblumen mit einem naturhaften Charme bezaubern, sind es im Sommer vor allem auffällige Blüten-Persönlichkeiten.

➤ Die durchschnittlichen Wuchshöhen der Sommerblüher liegen um einiges höher als die der im Frühjahr blühenden Arten.

➤ Da die Sommerblüher fast ausnahmslos aus fernen Ländern stammen, sind ihre Ansprüche an Boden und Lichtverhältnisse vergleichsweise hoch. Den eisigen Winter über müssen viele in Form ihrer Zwiebeln und Knollen im frostfreien Winterquartier eingelagert werden.

Feuerwerk der Blüten

Auf Beeten und Rabatten werden im Sommer Lilien und Gladiolen zum strahlenden Mittelpunkt.

➤ Lilien schmücken sich mit großen trompeten- bis schalenförmigen oder türkenbundartigen Blüten und viele von ihnen verströmen einen betörenden Duft. Für Einsteiger empfiehlt sich die Gruppe der asiatischen Arten und Züchtungen, die im Vergleich zu anderen Lilien anspruchsloser in der Pflege sind. Wegen ihrer empfindlichen Zwiebeln lieben jedoch alle Lilien einen schattigen, kühlen Boden, während sie ihre Blüten gern der Sonne entgegenstrecken.

➤ Aus dem Bauerngarten kennt man die Edel-Gladiole. Häufig ist sie dort entlang von Zäunen gepflanzt, wo ihre hohen Schäfte guten Halt finden. Die Zuchtformen der Gladiole mit ihren dichten Blütenähren und oft knalligen Farben sollten im Beet behutsam eingesetzt werden. Sorten in kräftigen Orange- und Pinktönen stellt man am

Madonnenlilien wirken besonders edel in Kombination mit roter Spornblume und gelber Steppenkerze.

> *Auf ihren langen Stielen setzen die Blütenkugeln des Zierlauchs im Sommer markante Akzente im Beet.*

schnell wie ein Fremdkörper. Zum Einstieg in die Welt der Exoten empfiehlt sich die Topfkultur. Wenn dann die Schopflilie ihre ananasähnlichen Blütenstände erhebt, die Sterngladiole ihre anmutigen weißen Blüten trägt oder die gelben Glockenblüten des Goldglöckchens den Rankstab erobern, werden die Töpfe ins Zentrum des Geschehens gerückt. ■

besten blaue oder weiße Blühpartner zur Seite. Wer mit mehrfarbig blühenden Sorten liebäugelt, sollte für ein ruhiges Umfeld sorgen, damit sie nicht zu schrill wirken.

Kinder der Steppe

Mit Wuchshöhen von eineinhalb Metern und mehr gehören Steppenkerze und die hohen Zierlauch-Arten zu den wahrlich herausragenden Größen im Blumenbeet. Beide Gattungen sind aus ihrer Heimat trockene, steinige Böden gewöhnt. Dies kann man sich zu Nutze machen und ein naturnah gestaltetes Steppen- oder Kiesbeet mit den Riesen verschönern. Gräser und Stauden wie Katzenminze oder Wollziest ergeben einen würdigen Hofstaat und verdecken

das nach der Blüte einziehende Laub der Zwiebelblumen. Mit einer Bodendränage aus Sand oder Kies (→ Seite 24) fühlen sich Steppenkerze und Zierlauch auch in der Prachtstaudenrabatte wohl.

Exotische Gäste

Ihre ungewöhnlichen Blüten in aufregend intensiven Farbtönen heben sich vom übrigen Sortiment der Zwiebelblumen ab. Sie sind etwas Besonderes, sowohl was ihre Verwendung im Garten als auch, was ihre Pflege betrifft. Eine Zimmercalla mit edlen, tütenförmigen Hochblättern oder eine Tigerblume mit orangeroten, im Zentrum wild gemaserten Blüten muss mit viel Fingerspitzengefühl in eine Beetgestaltung integriert werden, sonst wirkt sie

(→ Seite 24)

PRAXISINFO

Harmonische Kombinationen

✗ Wählen Sie schlichte Partner, um auffällige Blüten dezent zu untermalen. Beispiele: Duftsteinrich, niedrige Glockenblumen, Katzenminze, Schleierkraut oder Ziersalbei.

✗ Als Blattschmuckstauden, die den Fuß der Zwiebelblumen umspielen, eignen sich Storchschnabel und Wollziest.

✗ Kombinieren Sie dazu Stauden und Sommerblumen, die den Blütenton der Zwiebelblume aufgreifen und variieren (Ton-in-Ton) oder solche, die in der Komplementärfarbe erblühen (z. B. blau/orange, violett/ gelb).

Feuriger Herbstausklang

Zum Ende des Gartenjahrs trumpfen einige Zwiebelblumen nochmals so richtig auf. Mit den Dahlien erblüht um diese Zeit eine sehr formen- und farbenreiche Gruppe, begleitet von anderen impo-

Herbstzeitlosen verabschieden das Jahr mit einem Blütengruß.

santen Arten. Während sich die prächtigen Zuchtformen vorzugsweise auf Beeten und Rabatten tummeln, nehmen in naturnahen Gartenbereichen anmutige Wildarten Abschied vom Sommer.

Viel geliebte Dahlien

Gartencenter bieten vorgezogene Dahlien oft schon im Mai an. Im Garten erreichen sie ihren Blüh-Höhepunkt aber erst im September und Oktober. Mit Wuchshöhen von 15 bis 150 Zentimetern lassen sich die Sorten im Beet vielseitig verwenden.

➤ Obwohl Dahlien im Wuchs nicht so staksig wie viele andere Zwiebelblumen sind, sollte man sie doch immer in kleinen Gruppen von drei oder fünf Einzelpflanzen setzen. Sie erscheinen dann als attraktive Leitstauden inmitten des übrigen Flors. Besonders stimmige Bilder erzielen Sie, wenn mehrere Gruppen aus verschiedenen Dahlien-Sorten über das Beet verteilt werden. Die einzelnen Gruppen dürfen sich dabei ruhig durchdringen und sollten nicht zu regelmäßig angeordnet sein.

➤ Die Farbpalette der Dahlien lässt keine Wünsche offen. Außer Blau und Schwarz halten sie sämtliche Farbtöne in Blütenform bereit. Ins herbstliche Bild

des Gartens passen warme Farbtöne wie Gelb, Orange und Rot besonders gut. Vor dem Hintergrund einer grünen Hecke lodern diese Farben förmlich auf.

➤ Die temperamentvollen Schönheiten sollten stets ein paar besänftigende Partner zur Seite bekommen. Das können farblich passende Sommerblumen ebenso sein wie Blütenstauden. Perfekte Partner sind hohe Gräser wie Chinaschilf oder Lampenputzergras. Wenn mit Frostbeginn die Dahlien-Knollen aus dem Boden geholt werden, setzen die Gräser weiterhin Akzente.

Galante Dahlien-Begleiter

Wie die Dahlien stehen auch Blumenrohr und Montbretie im Herbst in voller Blüte. Die auffälligen Blütenschönheiten können selbstverständlich auch ohne die Dahlien bestehen, doch in Kombination mit ihnen steigern sie sich gegenseitig in ihrer Ausdruckskraft. In den schönsten Rot- und Orangetönen er-

> *Dahlien bilden vom Sommer bis zum ersten Frost unermüdlich ihre Blütenkugeln aus.*

scheinen sich anmutig neigenden Ähren der Montbretie. Warme Farbtöne herrschen auch bei den Sorten des Blumenrohrs vor. Seine Blütenschäfte überragen Dahlien meist um einiges und bringen mit den großen, oft purpurrot oder bronzefarben getönten Blättern das feurige Herbst-Motto zur Vollendung. Die Speicherorgane dieser beiden Arten müssen frostfrei im Haus überwintert werden.

Letzte Blütentupfer

Mit zarten Zwiebelblumen unter Gehölzen, in Wiesen und im Steingarten nimmt der Herbst seinen Abschied.
➤ Im Steingarten schieben sich die violetten Kelche der Herbstkrokusse aus dem steinigen Untergrund. Als farbliches Gegenstück brilliert der Goldkrokus mit gelben Blütenkelchen. Während die Krokusse sonnige Stellen lieben, fühlt sich das rosa- bis violett blühende Alpenveilchen im Schatten wohler.
➤ Unter Gehölzen leuchten einem jetzt die knallroten Beeren des Aronstabs entgegen. Farbliche Unterstützung bekommen sie von herbstblühenden Alpenveilchen und den grazilen Blütenbechern von Herbstzeitlose, Prachtkrokus und Safrankrokus. Vom Gehölzrand her breiten sich diese Arten gern in Wiesen und lückige Rasen aus. ■

PRAXISINFO

Bewährte Dahlien-Sorten

✗ **Einfache Blüten:** 'Anna-Karina' (weiß, 40 cm), 'Bonne Esperance' (rosa, 30 cm), 'Gartenparty' (orange, 60 cm)

✗ **Päonienblütig:** 'Bishop of Llandaff' (rot, purpurrote Blätter, 100 cm), 'Olympic Fire' (orangerot, 110 cm)

✗ **Seerosenblütig:** 'Berliner Kleene' (rosa, 80 cm), 'Eveline' (zartrosa, 100 cm), 'Sonnenblick' (dunkelgelb, 100 cm)

✗ **Kaktusblütig:** 'Golden Horn' (orange, 80 cm), 'Park Princess' (rosa, 80 cm), 'Vulkan' (orangerot, 100 cm)

✗ **Pomponblütig:** 'Franz Kafka' (violett, 100 cm), 'Schneeflocke' (weiß, 100 cm)

Auf Balkon und Terrasse

In Töpfen und Kästen verschönern Zwiebelblumen den Sitzplatz im Freien und lassen einen ihre Pracht aus nächster Nähe genießen.
Auch im Kleinen bewahrheitet sich, was im Großen

> *Blühende Zwiebelblumen umspielen den Fuß des Nektarinenbäumchens.*

gilt: Zwiebelblumen wirken am schönsten in Gruppen gepflanzt. Zu Gunsten einer üppigen Blüte sollten Sie die empfohlenen Pflanzabstände vergessen und die Zwiebeln dichter aneinander setzen.

Nachteil dabei: Die Speicherorgane können in der Enge nicht richtig ausreifen. Man muss sie deshalb bald nach dem Verblühen mit den bewährten Pflanzabständen in den Garten umsetzen und in Ruhe einziehen lassen.

➤ Tolle Effekte erzielt man, wenn Zwiebelblumen als Hauptakteure ein Pflanzgefäß ganz alleine füllen dürfen. Aber auch ein »Beet im Kleinen« mit verschiedenen Wuchshöhen und bunten Blütenfarben hat seinen ganz besonderen Reiz.

➤ Zwiebelblumen eignen sich sehr gut als saisonales Beiwerk für Balkonkästen mit dauerhafter Bepflanzung. Zwischen Zwergkoniferen oder zu Füßen eines Hochstämmchens lassen ihre Blüten die jeweils herrschende Jahreszeit hochleben.

Bunter Frühlingsreigen

Wo im Frühling Blüten sprießen sollen, müssen im September/Oktober Zwiebeln gesetzt werden. Oder Sie kaufen in der Gärtnerei vorgezogene Pflanzen.

➤ Einen frischen Auftakt in die Saison verspricht die Kombination aus weißen Schneeglöckchen und blauer Netziris.

➤ Von März bis Mai blüht's dann richtig üppig. Zu den Klassikern der Topfbepflanzung gehört die Kombination von roten Tulpen, gelben Narzissen und blauen Traubenhyazinthen. Bei den sortenreichen Narzissen und Tulpen sollte man die Wuchshöhe immer auf die Topfgröße abstimmen. Bekannte und wunderbar für die Topfkultur geeignete Narzissen-Sorten sind die gelbe 'Tête-à-Tête' und die reinweiße 'Thalia'. Bei den Tulpen wird gern 'Princess Irene' gepflanzt, deren Blüten ein Farbenspiel von Orange bis flammend Rot bieten. Weitere Frühlingsklassiker für den Topf sind Gartenkrokusse, Märzenbecher und Ranunkel.

Edle Sommerblüten

Im Sommer erblühen viele Exoten, deren Topfkultur sogar weitaus empfehlenswerter ist als die Gartenkultur.

➤ Frostempfindliche Arten wie Jakobslilie, Schönhäutchen und Schopflilie können wie Kübelpflanzen gepflegt werden. Nach den letzten Spätfrösten räumt man sie aus dem Winterquartier ins Freie, wo sie im Sommer ihre exotischen Blüten entwickeln. Im Oktober steht dann wieder der Umzug ins 10–15 °C warme Winterquartier an.

➤ In Töpfen und Hängeampeln sorgen jetzt die Knollenbegonien für Furore. Ihre prächtigen Blüten bringen Farbe in schattige Partien des Balkons. Im Herbst nimmt man ihre Knollen heraus.

➤ Andere Sommerstars, die Lilien, sind zwar frosthart, doch kann man ihren empfindlichen Zwiebeln im Topf meist bessere Bedingungen als im Beet bieten. Je nach Topfgröße setzt man die Zwiebeln in kleinen Gruppen auf eine Dränageschicht aus Sand oder Kies. Die kapriziösen Schönheiten sind dankbar für eine Beschattung des Wurzelbereichs, doch dulden sie ungern Partner in ihrem Topf. Lösung: Stellen Sie den Lilientopf einfach in einen größeren Topf und bepflanzen Sie den Zwischenraum mit Sommerblumen.

Tulpen, Narzissen und Ranunkeln begleiten das erste Sonnenbad im Jahr.

Fröhlicher Herbstausklang

Wählen Sie niedrige, standfeste Dahlien-Sorten, z. B. aus der Gruppe der Mignon- oder Top-Mix-Dahlien. Tolle Kombinationen ergeben sich mit niedrigen Sorten des Blumenrohrs oder den üppigen Büschen der Herbst-Chrysanthemen. Nach dem Abfrieren der Blätter nimmt man die Knollen der Dahlien und die Rhizome des Blumenrohrs zum Überwintern heraus und lagert sie ein. ∎

CHECKLISTE

Wichtig bei der Topfkultur

✔ Befüllen Sie den Topf zunächst mit einer 5 cm hohen Dränageschicht aus Sand oder Kies.

✔ Blumenerde mit einem Drittel Sand mischen.

✔ Je größer die Zwiebel, umso tiefer wird sie gepflanzt.

✔ Im Herbst bestückte Gefäße können in der kalten Garage oder in einer geschützten Balkonecke überwintern. Dann auf kälteisolierende Styroporplatten stellen und die Gefäße mit Noppenfolie umhüllen.

Narzissen läuten zum
Osterbrunch

Zur Osterzeit öffnen die lustigen Narzissen ihre Blüten und verbreiten eine heitere Atmosphäre.
Stellen Sie das Osterfest doch mal ganz ins Zeichen dieser liebenswerten Blumen – Ihre Gäste werden von dem geschmackvoll dekorierten Tisch begeistert sein! Dabei muss keineswegs alles aus einem Guss sein, denn gerade das Improvisieren macht Spaß: Hier die gelb-weiß gestreifte Schüssel vom letzten Sommerurlaub, dort die grüne Tischdecke, die

schon seit Jahren in der Wäschekommode schlummert. Für den optischen Zusammenhalt sorgen die gelben und weißen Blütenköpfe der Narzissen, die immer wieder in den schnell gemachten Blütendekos auftauchen. Wenn es Ihnen schwer fällt, die Blütenstiele aus dem eigenen Garten zu nehmen, dann kaufen Sie doch einfach einige preisgünstige Bunde im Blumenladen. Allerdings sollten Sie bereits einige Tage vor dem Fest an den Kauf denken, damit die Glocken dann

voll erblüht sind. Stellen Sie die Narzissen zunächst unbedingt allein in die Vasen, denn ihre Stiele sondern eine schleimige Substanz ab, die andere Blumen nicht vertragen. Ebenfalls im Blumenladen erhalten Sie junge Weidentriebe, die ein wunderbares Werkmaterial ergeben. Sie sind so biegsam, dass man sie ohne Draht zu Kränzen und Nestern verflechten kann. Diese kurz vor dem Fest mit Narzissenblüten dekoriert – und die Gäste können kommen!

Einen reizenden Rahmen für das selbst gebackene Osterbrot ergeben ineinander verflochtene Weidenruten, in die einzelne Blüten von Narzissen und Traubenhyazinthen gesteckt werden.

Endlich wieder draußen feiern!
Helles Lindgrün, sonniges Gelb
und strahlendes Weiß bilden
das frühlingshafte Farbmotto
der einladenden Ostertafel.

Blumendeko schnell gemacht:
Narzissen mit biegsamen Weidenruten bündeln und in eine
hohe, schlichte Glasvase stellen.

Termine und Pflanztiefen

> **Das spätere Wohlergehen der Pflanze hängt davon ab, wann, wie tief und mit welchem Abstand ihre Zwiebel in den Boden kommt.**

Nur wer bei ihrer Pflanzung die Ansprüche der jeweiligen Art berücksichtigt, wird in der nächsten Saison vom Blütenschmuck belohnt. Blumenzwiebeln werden im Frühjahr und Herbst angeboten.

> *Die richtige Pflanzung garantiert den Erfolg mit Zwiebelblumen.*

Herbst-Pflanzung

Um diese Jahreszeit kommen die ganzen Frühjahrs- und Frühsommerblüher in die Erde. Der Boden ist dann feucht genug, um ein erstes Wachstum zu ermöglichen, andererseits dauert es noch einige Wochen, bis der erste Bodenfrost alles Pflanzenleben buchstäblich auf Eis legt. Die Frostperiode im Winter gibt Zwiebeln und Knollen den nötigen Kälteimpuls, der mit steigenden Temperaturen im Frühjahr ihr Austreiben veranlasst.

➤ Sehr früh, bereits Anfang August, sollten die Zwiebeln von Kaiserkrone und Madonnenlilie gepflanzt werden. Beide haben eine längere Entwicklungszeit als die anderen Frühlingsblüher.

➤ Herbstkrokus und auch Herbstzeitlose kommen noch im selben Jahr zur Blüte, wenn man ihre zwiebelförmigen Knollen bis spätestens Ende August pflanzt.

➤ Von September bis Oktober kann's dann richtig losgehen. Die Erfahrung hat gezeigt, dass Narzissen besser

> *Die Kaiserkrone will schon im Spätsommer gepflanzt werden.*

früh, also im September gepflanzt werden, während Tulpen bei einer Oktober-Pflanzung seltener an Grauschimmel erkranken. Kombinieren Sie beide Arten, sollten Sie schon allein aus praktischen Erwägungen einen Kompromiss-Termin finden. Auch winterharte Sommerblüher wie Steppenkerze und Zierlauch werden in diesen Monaten gepflanzt.

Frühlings-Pflanzung

Im Frühling werden alle Arten gesetzt, deren Speicherorgane den Winter nicht im Freien verbringen dürfen. Dazu gehören viele Sommer- und Herbstblüher.

➤ Damit ihnen Spätfröste nichts anhaben können, pflanzt man die frostempfindlichen Knollen von Dahlie, Gladiole und die Speicherorgane aller weiteren exotischen Blüher erst Mitte Mai nach draußen ins Beet oder in die Pflanzgefäße.

➤ Eine Frühjahrspflanzung ist auch für einige winterharte Arten wie die herbstblühenden Alpenveilchen oder die spät blühenden Lilien-Arten vorteilhafter. Sie sollte man allerdings bereits im April setzen. Auch alle Zwiebeln, deren rechtzeitige Pflanzung im Herbst verpasst wurde, kommen besser jetzt im Frühjahr in die Erde.

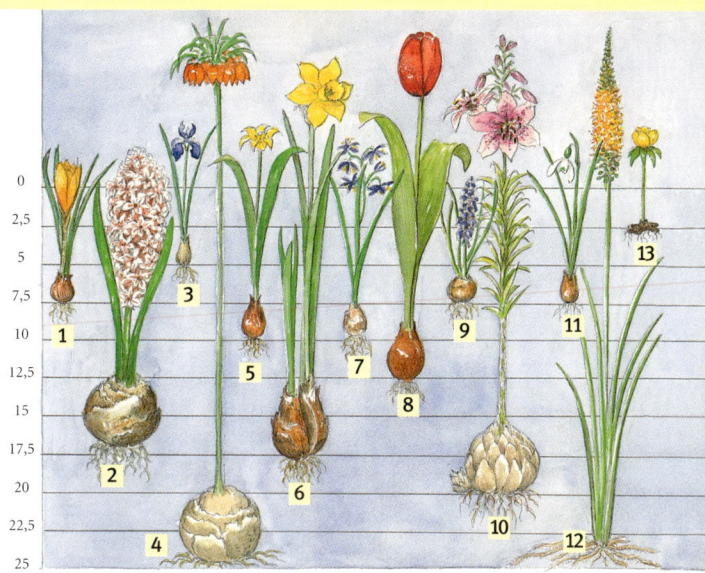

1 Krokus, 2 Hyazinthe, 3 Iris, 4 Kaiserkrone, 5 Gelbstern, 6 Narzisse, 7 Blausternchen, 8 Tulpe, 9 Traubenhyazinthe, 10 Lilie, 11 Schneeglöckchen, 12 Steppenkerze, 13 Winterling

> *Jede Art braucht eine bestimmte Pflanztiefe, um optimal zu gedeihen.*

Der richtige Pflanzabstand

Zu eng gesetzte Pflanzen behindern sich in ihrem Wachstum. Einen guten Anhaltspunkt bietet diese Regel: Der Pflanzabstand sollte etwa der halben bis ganzen Wuchshöhe der ausgewachsenen Pflanze entsprechen. 30 cm hohe Tulpen z. B. setzt man etwa 15–20 cm weit auseinander, die bis 10 cm hohen, sehr ausbreitungsfreudigen Krokusse brauchen etwa 10 cm Platz um sich herum.

Die richtige Pflanztiefe

Auch hier gibt es eine Faustregel: Eine Zwiebel oder Knolle sollte etwa zwei- bis dreimal so tief gesetzt werden, wie sie hoch ist. Bei einer zu tiefen Pflanzung besteht die Gefahr, dass der Austrieb in der Erde stecken bleibt. Eine zu flache Pflanzung ist weniger tragisch, da die meisten Arten kräftige Zugwurzeln ausbilden, mit deren Hilfe sie sich im Laufe der Zeit in die richtige Tiefe ziehen. ■

CHECKLISTE

Wie herum?

Achten Sie auf kleinste Wurzelreste – das ist unten – und die winzigen Erhebungen der Triebspitzen – das ist oben.

✔ Zwiebeln und zwiebelförmige Knollen sind unten abgeflachter und oben leicht spitz zulaufend.

✔ Scheibenförmig abgeflachte Knollen bilden oben mehrere Triebspitzen.

✔ Fingerförmig geteilte Wurzelknollen hängen meist oben an einem Punkt zusammen.

Richtig pflanzen

≫ **Nach einer guten Boden-vorbereitung ist das eigentliche Setzen der Zwiebelblumen keine Kunst.**
Die Zwiebeln und Knollen sind schnell in die Erde gesteckt. Ob sie sich aber gut entwickeln werden, darauf hat neben Pflanztiefe und

≫ *Für Gruppenpflanzungen von Zwiebeln wird eine Rasensode aufgeklappt.*

Pflanzabständen vor allem die Bodenbeschaffenheit großen Einfluss. Überprüfen Sie zunächst den Zustand Ihres Gartenbodens und bereiten Sie ihn dann vor.

Den Boden testen

Abgesehen von einigen wenigen Ausnahmen brauchen Zwiebelblumen einen lockeren, nahrhaften Boden mit gutem Wasserabzug.
Mit folgendem Test können Sie schnell feststellen, welchen Bodentyp Sie im Garten haben: Graben Sie mit Spaten oder Handschaufel ein etwa 30 cm tiefes Loch. Dann eine Hand voll Erde aus der tieferen Bodenschicht nehmen und ihre Beschaffenheit prüfen:
➤ Rieselt die Erde durch die Finger und lässt sie sich nicht formen, dann ist es ein leichter **Sandboden**.
➤ Bröckelt die Erde beim Versuch sie zu formen zu kleinen Krümeln, haben Sie einen **Lehmboden** vor sich.
➤ Um einen **Tonboden** handelt es sich, wenn sich die Erde formen lässt und auf Ihrer Handfläche einen braunen Belag hinterlässt.

Den Boden verbessern

Die Maßnahmen hängen vom jeweiligen Bodentyp ab.
➤ Glücklich schätzen können sich alle Besitzer eines **Lehm-**

bodens, denn er ist einerseits durchlässig genug, um einen Wasserstau zu vermeiden und besitzt andererseits genügend Nährstoffe, die den Zwiebelblumen ein gutes Wachstum ermöglichen. Vor dem Setzen der Zwiebeln genügt es, den Boden mittels Handschaufel oder Grabegabel tiefgründig zu lockern. Stechen Sie dazu mit dem Werkzeug mehrmals in den Boden und bewegen Sie es kräftig hin und her.
➤ Bei schweren **Tonböden** ist eine Dränage das Wichtigste. Dazu wird der Boden wie oben beschrieben zunächst tiefgründig gelockert. Dann tauscht man einen Teil der Erde unter der Pflanzsohle durch ein wasserdurchlässiges Material wie groben Sand, Splitt oder feinen Kies aus. Diese Dränageschicht sollte etwa 5 cm hoch sein.
➤ Bei leichten **Sandböden** wird ihr geringer Nährstoffgehalt zum Nachteil. Um den Anteil an organischer Substanz zu erhöhen, arbeiten Sie am besten reifen Kompost oder verrotteten Stallmist in die oberste Bodenschicht ein.

> **1   Loch ausheben**

Den Boden vor der Pflanzung tiefgründig lockern. Mit dem Meterstab die Pflanztiefe prüfen.

> **2   Zwiebeln setzen**

Legen Sie die Zwiebeln oder Knollen im auf der Verpackung empfohlenen Pflanzabstand hinein.

> **3   Loch schließen**

Füllen Sie das Loch mit Erde auf und drücken Sie sie an. Die Pflanzstelle markieren.

Pflanzung ins Beet

Zwischen Bodenverbesserung und Pflanzung sollten Sie einige Tage verstreichen lassen, damit sich der Boden in Ruhe setzen kann.

➤ Für ein ganzes Zwiebelblumenbeet verteilt man zunächst die Zwiebeln und Knollen der einzelnen Arten und Sorten über die Fläche. Auch hier erweist sich ein Pflanzplan (→ Seite 9) als sehr hilfreich. Dann arbeitet man sich praktischerweise von einer Seite zur anderen vor und setzt die Speicherorgane in die Tiefe. Große Zwiebeln und Knollen bekommen jeweils ihr eigenes Pflanzloch, während man kleinere Speicherorgane in Gruppen setzt.

➤ Bei einer gemischten Beetbepflanzung setzt man die Zwiebeln zwischen Stauden und Einjährige, möglichst ohne diese zu verletzen.

Pflanzung in den Rasen

Um die geschlossene Grasnarbe nicht unnötig zu beeinträchtigen, nimmt man die Strukturverbesserung des Bodens bei der Pflanzung vor.

➤ Für eine Einzelpflanzung gräbt man mit der Handschaufel oder dem Zwiebelpflanzer (→ Seite 26) für jede Zwiebel oder Knolle ein eigenes Loch. Füllen Sie bei schweren Böden zuerst Sand oder Kies ins Pflanzloch und setzen Sie dann die Zwiebel.

➤ Für eine Gruppenpflanzung nehmen Sie einen Spaten zu Hilfe. Stechen Sie eine rechteckige Rasensode aus, die dann umgeklappt wird. Den Untergrund gründlich lockern, dann die Zwiebeln hineinlegen und den Rasen wieder zuklappen. ■

PRAXISINFO

Zwiebelblumen pflanzen

🕐 **Zeitbedarf:**
10 Min. pro Pflanzloch

Material:

✗ Zwiebeln, Knollen, Rhizome

✗ Körbchen zum Transportieren der Pflanzware

✗ evtl. Sand oder feiner Kies für die Dränage

✗ wetterfeste Holz- oder Plastiketiketten und ein wasserfester, lichtechter Stift zum Markieren der Pflanzstelle

Werkzeug:

✗ Handschaufel

✗ für größere Pflanzlöcher: Spaten und Grabegabel

✗ Meterstab

Spezielle Hilfsmittel und Tricks

Raffinierte Hilfsmittel erleichtern die Arbeit und findige Tricks garantieren die schönsten Blütenfreuden mit Zwiebelblumen.
Ebenso unkompliziert wie die Zwiebelblumen sind auch die hier vorgestellten Utensilien in ihrer Verwendung.

> *Spezielle Plastikkörbe erleichtern die Gruppenpflanzung.*

Praktische Hilfsmittel

➤ **Körbe** für Gruppenpflanzung: Im Fachhandel findet man spezielle Plastikkörbe für Zwiebelblumen. Diese erweisen sich als äußerst praktisch, wenn man die verblühten Pflanzen jedes Jahr aus dem Boden holen muss. Statt jede Zwiebel oder Knolle einzeln suchen zu müssen, zieht man mit dem Korb immer gleich mehrere Speicherorgane aus dem Boden. Damit die Pflanzen im Korb gut anwachsen, sollten Sie die Pflanzsohle mit Sand ebnen und den Korb einige Mal hin- und herdrehen, damit er guten Bodenkontakt bekommt. Anschließend die Zwiebeln im empfohlenen Abstand im Korb verteilen und mit Erde auffüllen.

➤ **Zwiebelpflanzer:** Einzelpflanzungen gehen mit einem speziellen Zwiebelpflanzer sehr praktisch vonstatten. Das Werkzeug besteht aus einem sich nach unten verjüngenden Hohlzylinder, der mit einem Handgriff verbunden ist. Man sticht den Zwiebelpflanzer bis zur erforderlichen Pflanztiefe in den Boden und zieht ihn dann wieder vorsichtig heraus. Die Erde bleibt im Zylinder stecken, so dass man Zwiebel oder Knolle nur noch ins Loch legen muss. Bei einfachen Modellen holt man den ausgestochenen Erdkern durch Umdrehen des Zwiebelpflanzers wieder heraus und setzt ihn ins Pflanzloch zurück. Bei Komfortmodellen genügt es, den Zylinder wieder ins Pflanzloch zu führen, den Handgriff zu drücken, und schon rutscht der Erdkern wieder heraus. Am besten arbeitet es sich, wenn der Boden zuvor gründlich gewässert wurde.

➤ **»Knieschoner«:** Zum Zwiebelpflanzen bleibt einem gar nichts anderes übrig, als immer wieder in die Hocke zu gehen. Um die Kniegelenke zu schonen, gibt es spezielle Bänkchen oder Kunststoffkissen, auf denen man sich abstützen kann.

Pflanz- und Pflegetricks

Oft sind es ganz einfache Handgriffe, mit denen man den Pflänzchen ein gutes Anwachsen und Gedeihen ermöglichen kann.

➤ **Verwildern:** Wenn aus einem Rasen eine blühende Narzissen- oder Krokuswiese werden soll, dürfen Sie die Zwiebeln und Knollen nicht

> *Mit einem speziellen Zwiebelpflanzer lassen sich im Rasen ganz leicht einzelne Zwiebeln setzen.*

zu gleichmäßig verteilen. Setzen Sie sie in kleinen Grüppchen, die Sie in verschieden großen Abständen über die Fläche verteilen. Ein sehr natürliches Pflanzbild ergibt sich, wenn Sie die Speicherorgane in die Hand nehmen und wie beim Säen locker aus dem Handgelenk auf die Fläche werfen. Dort wo sie nach dem Zufallsprinzip zu liegen kommen, pflanzt man Zwiebeln oder Knollen anschließend ein.

➤ **Dränagehügel:** Lilien gehören zu den anspruchsvollen Arten, die meisten von ihnen vertragen überhaupt keine Staunässe. Aus dem regnerischen England stammt die Methode, den Zwiebeln ein Mini-Hügelbeet zu bauen. Die Pflanzstelle wird mit der Grabegabel gelockert und mit einem etwa 30 cm hohen Rahmen aus Brettern oder Steinen umgeben. Auf den geebneten Boden füllt man eine 10 cm hohe Dränageschicht aus grobem Sand. Darauf werden die Lilienzwiebeln gesetzt und mit lockerer Gartenerde aufgefüllt. Die Erde wird dabei als leichter Hügel aufgeschüttet, so dass Regenwasser seitlich abfließen kann.

➤ **Knollen wässern:** Manche wachsen besser an, wenn man sie vor der Pflanzung über Nacht in handwarmem Wasser vorquellen lässt. Das gilt z. B. für die Knollen der Anemonen und Winterlinge.

➤ **Versetzte Blütezeiten:** Vor allem bei sommerblühenden Zwiebelblumen wie den Gladiolen kann man die Blütezeit durch den Pflanztermin beeinflussen. Setzt man ihre Knollen in zweiwöchig versetzten Abständen, erfreuen einen den ganzen Sommer über blühende Gladiolen. Für eine frühe Blüte Anfang Juni müssen die frostempfindlichen Zwiebelknollen ab März im Haus vorkultiviert werden.

➤ **Pflanzstellen markieren:** Damit man nicht vergisst, wo Zwiebelblumen in der Erde schlummern, markiert man die Pflanzstellen am besten mit einem Etikett, auf dem Sorte und Blütenfarbe vermerkt sind. ◼

PRAXISINFO

Nützliche Utensilien

✗ Zwiebelpflanzer

✗ Pflanzkorb für Gruppenpflanzung

✗ Knieschoner für bequemes Arbeiten

✗ einfache Holzstäbchen zum Markieren einer Pflanzstelle am Gehölzrand

✗ witterungsbeständige beschriftete Etiketten zum Markieren der einzelnen Arten im Beet

Im März erblüht das
Krokusherz

So werden Zwiebeln zu »Überraschungseiern«: Im Herbst gepflanzt, erblühen sie nächstes Frühjahr.

Diese Spielerei macht Klein und Groß Freude! Reserviere dir eine Ecke des Rasens für das gepflanzte Bild. Im September oder Oktober zeichnest du zuerst mit Hilfe einer langen Schnur und feinkörnigem Sand oder Sägespänen die Herzform ins Grün des Rasens. Pflanze dann die kleinen Zwiebelknollen der Krokusse mit etwa einer Handbreit Abstand entlang der Linie. Damit die Konturen schön herauskommen, solltest du die Zwiebeln von großblumigen Gartenkrokussen nehmen. Bevor die Zwiebelknollen mit der flachen Seite nach unten ins ausgehobene Pflanzloch gesetzt werden, empfiehlt es sich, eine 1–2 cm hohe Sandschicht ins Pflanzloch zu geben. Das verbessert die Bodendurchlässigkeit.

Wenn dir üppige Blütenteppiche gefallen, kannst du das Herz auch vollständig mit Krokussen ausfüllen. In diesem Fall setze die Zwiebeln gruppenweise ein, indem du einzelne Rasensoden aufklappst (→ Seite 25).

Ende Februar, wenn du die in der Erde schlummernden Zwiebelchen schon fast vergessen hast, spitzt das erste Grün aus dem Boden, und bald erfreut dich das blühende Herz.

PRAXISINFO

Pflanzung eines Krokusherzens

🕐 **Zeitbedarf:** 0,5–1 Std.

Material:
- ✗ lange Schnur zum Auslegen der Kontur
- ✗ feinkörniger Sand oder Sägemehl zum Vorzeichnen der Umrisse
- ✗ 35–45 Krokuszwiebeln für ein Herz von etwa 1 m Durchmesser

Werkzeug:
- ✗ Handschaufel, Pflanzholz oder Blumenzwiebelpflanzer

Schöne Variationen

Auch andere Arten eignen sich: Rechtzeitig zum Muttertag im Mai öffnen z. B. spät blühende Gartentulpen ihre Blüten.

Es wird dir sicher auch viel Spaß machen, deine eigene Kontur als Krokusmännchen im Rasen zu verewigen. Du lieferst im Herbst selbst die Pflanz-Vorlage, indem du dich in voller Länge auf die Wiese legst. Lass von jemandem deine Konturen markieren. Damit das Bild schön bunt wird, kannst du z. B. für die Hose violette und für den Pulli gelbe Krokusse pflanzen.

Konturen vorzeichnen 1

Mit Hilfe von Sand oder Säge-
mehl wird der Umriss der Herz-
form in den Rasen gemalt. Als
Vorlage dafür kannst du die
Kontur zuerst mit einer langen
Schnur auslegen.

2 Zwiebeln setzen

Die haselnussgroßen Zwiebelknollen der
Krokusse kann man gut mit dem Pflanzholz setzen. Sie kommen in Abständen
von 10 cm etwa 5–10 cm tief in die Erde.

Blüten öffnen sich 3

Je nach Sorte erblüht das Herz
im Februar oder März. Eine tolle
Überraschung auch für jedes
Familienmitglied, das nichts von
der Pflanzaktion wusste!

Die Pflege-Basics

So unkompliziert und anspruchslos die meisten Zwiebelblumen auch sind – um manche Arbeiten kommt man einfach nicht herum. Wie alle Pflanzen brauchen auch Zwiebelblumen Wasser, im Boden gelöste Nährstoffe und Sonnenlicht zum Wachsen und Gedeihen. Wildarten begnügen sich meist mit dem, was sie vorfinden. Die Zuchtformen zeigen hingegen häufig höhere Ansprüche.

Hochwüchsige Dahlien werden gestützt, damit sie Regen und Wind trotzen.

Richtig düngen

➤ Zierliche Wildarten, die sich unter Gehölzen und in der Wiese ausbreiten, sind mit dem, was sie vorfinden, meist vollauf zufrieden. Lassen Sie im Herbst einfach etwas Laub im Rasen liegen, das genügt den Kleinen als Quelle organischer Nährstoffe.

➤ Üppig blühende Zuchtformen, die sich dicht an dicht in Beeten und Rabatten tummeln, brauchen hingegen mehr. Überziehen Sie ihre Pflanzstellen im Herbst mit einer dünnen Lage aus reifem Kompost oder gut abgelagertem Stallmist. Auch Hornspäne, Blut- und Knochenmehl sind geeignete organische Dünger.

Wer die Herbst-Düngung versäumt hat, versorgt die Zwiebelblumen zum Austrieb im Frühjahr mit mineralischem Volldünger. Auch während der Blüte sollten üppige Blüher wie Gladiole, Dahlie und Knollenbegonien nochmals mit Mineraldünger versorgt werden. Beachten Sie bitte unbedingt die Dosierungshinweise auf der

Packung, denn ein Zuviel an Dünger schadet den Pflanzen. Zum Schluß noch zwei wichtige Düngeregeln:

➤ Niemals auf trockenen Boden düngen, das kann zu Verbrennungen der feinen Wurzeln führen.

➤ Nach dem Verblühen sollte nicht mehr gedüngt werden, damit die Zwiebeln und Knollen in Ruhe einziehen können und sie voll ausgereift in die Frostperiode gehen.

Mäßig gießen

Dank ihrem unterirdischen Wasservorrat sind Zwiebelblumen relativ unabhängig von zusätzlicher Wasserzufuhr. Den höchsten Wasserbedarf haben sie zum Zeitpunkt ihres Austriebs und während des Einziehens, wenn sie ihren unterirdischen Speicher neu auffüllen.

➤ Frühjahrsblüher braucht man nur selten zu gießen. Der Boden enthält um diese Jahreszeit genügend Feuchtigkeit, abgesehen von ungewöhnlich lang anhaltenden Trockenperioden. Ein Auge sollten Sie allerdings auf typi-

Frühlingsblüher brauchen Sie nur während Trockenperioden zu gießen.

sche Waldrand-Arten wie Anemonen, Hasenglöckchen und Lerchensporn haben, die an einen vollsonnigen Platz gepflanzt wurden. Sie müssen in Trockenperioden gut gewässert werden.

➤ Zu den durstigen Zwiebelblumen gehören die Sommerblüher wie Blumenrohr, Dahlien, Knollenbegonien und Tagblume. Sie sollte man wie Sommerblumen an heißen Tagen gründlich gießen.

Lange Triebe stützen

Dahlien, Gladiolen und Lilien tragen auf ihren hoch auf-

ragenden Stielen zum Teil riesige Blüten. Kein Wunder, dass sie bisweilen etwas standschwach sind und bei Regen leicht umfallen.

➤ Pflanzen Sie die kostbaren Blüher an möglichst windgeschützte Stellen.

➤ Binden Sie den hohen Stiel an einen Stützstab an. Vor allem bei Dahlien mit ihren ausladenden Knollen ist es ratsam, dass der Stützstab bereits vor dem Setzen der Knollen in den Boden eingeschlagen wird. Eine spätere Verletzung der unterirdischen Organe ist damit ausgeschlossen. Am besten bindet man den Stiel mit einer Schnur und in Form einer lockeren Acht an die Stützhilfe, damit der Stängel nicht zu sehr eingeschnürt wird.

➤ Für Gruppen ist ein Stützring, wie man ihn für Stauden verwendet, eine praktische Lösung, da auf diese Weise mehrere Pflanzen gleichzeitig Halt finden.

Verblühtes abschneiden

Was bei Arten, die im Garten verwildern sollen, gern gesehen ist, versucht man bei den prächtigen Zuchtformen im Beet zu verhindern: das Ansetzen von Samen und die

Selbstaussaat. Das hat zum einen optische Gründe, denn die verwelkenden Blüten wirken nicht sehr zierend und stören das Gesamtbild der Pflanzung. Hinzu kommt, dass die Samenbildung die Pflanze viel Kraft kostet, was zu Lasten der Bildung von Speicherstoffen geht. Schneiden Sie die Blütenstiele bald nach dem Verblühen ab. Um die Blätter nicht zu verletzen, kappt man die Blütenstängel auf halber Höhe. Die Blätter braucht die Pflanze noch, um Reservestoffe zu bilden (→ Seite 32). ▪

(→ Seite 32).

CHECKLISTE

Ursachen von Blühfaulheit

✔ Die Zwiebeln sind wegen Staunässe verfault. Abhilfe: Boden-Dränage (→ Seite 24)

✔ Zwiebeln wurden von Wühlmäusen angenagt oder komplett gefressen. Abhilfe: Kaninchendraht (→ Seite 35)

✔ Dicht stehende Bestände entwickeln wegen Nährstoffmangels nur spärlich Blüten. Abhilfe: Zwiebeln aufnehmen, teilen und in größeren Abständen einpflanzen (→ Seite 37), organisch düngen

Nach der Blüte

Auch wenn die Blüte vorbei ist, brauchen manche Zwiebelblumen noch besondere Aufmerksamkeit.

Die meisten Arten ziehen sich bald nach dem Verblühen wieder in ihre Speicherorgane zurück. Manche bleiben dann am liebsten ungestört. Andere wiederum müssen vor Frost und Nässe geschützt werden.

Laub welken lassen

Für alle Zwiebelblumen gilt, dass man ihr Laub so lange stehen lassen sollte, bis es verwelkt ist. In den grünen Blättern findet die Photosynthese statt, eine biochemische Reaktion, die den Pflanzen ermöglicht, Kohlendioxid aus der Luft und Wasser unter Nutzung von Lichtenergie in Zucker und Sauerstoff umzuwandeln. Den Zucker nutzen Zwiebelblumen nach der Blüte dazu, ihren Speicher, also Zwiebel, Knolle oder Rhizom, wieder aufzufüllen.

➤ Wiesen und Rasen, in denen Zwiebelblumen wachsen, dürfen erst nach dem Einziehen der Blätter gemäht werden. Das Laub von Narzissen-Gruppen lässt sich sehr gut zusammenbinden.

➤ In gemischten Beet-Bepflanzungen sollten Sie Zwiebelblumen so kombinieren, dass Stauden das vergilbende Laub verdecken. Oder Sie nehmen die Zwiebelblumen heraus und lassen sie an anderer Stelle in Ruhe einziehen (→ Seite 13).

Frostfreie Überwinterung

Die Speicherorgane von nicht winterharten Zwiebelblumen wie Dahlien und Gladiolen müssen im Herbst aus dem Boden geholt und frostfrei überwintert werden.

1 Aufnehmen

Lockern Sie die Zwiebeln oder Knollen vorsichtig mit einer Grabegabel oder Handschaufel. Dann an den verwelkten Blättern aus der Erde ziehen.

2 Trocknen

Schütteln Sie die anhaftende Erde so gut es geht ab und legen Sie die Zwiebeln oder Knollen mindestens eine Woche lang zum Trocknen aus.

3 Säubern und lagern

Schneiden Sie Blätter und Stängelreste ab und säubern Sie die Zwiebeln. Dann in eine Holzkiste schichten und die Benennung nicht vergessen!

In Gefäßen im Freien überwinternde Zwiebeln brauchen Schutz.

➤ Schneiden Sie die hohen Stiele von Arten wie Blumenrohr, Dahlie und Gladiole im Oktober zurück, solange noch kein Bodenfrost droht.

➤ Nach einigen regenlosen, schönen Herbsttagen geht das Aufnehmen leichter, da dann nicht soviel feuchte Erde an Zwiebeln und Knollen haftet. Man sticht vorsichtig mit der Grabegabel oder bei kleineren Pflanzen mit der Handschaufel seitlich der Pflanzstelle ein und lockert Zwiebel oder Knolle mittels einer Hebelbewegung. Das Herausziehen an den noch anhaftenden Blatt- und Stängelresten bereitet dann keine Schwierigkeiten mehr.

➤ Die Speicherorgane sollen nur in trockenem Zustand eingelagert werden, damit sich keine Pilzkrankheiten ausbreiten. Man lässt sie deshalb an einem luftigen Ort einige Tage trocknen.

➤ Zur Aufbewahrung im kühlen, trockenen Keller eignen sich Holzkisten oder Obststeigen, die mit Zeitungspapier und einer Schicht Sand oder Sägespänen ausgelegt werden. Bevor Sie die Zwiebeln oder Knollen einzeln einschichten, sollten Sie sie nochmals gründlich säubern und alle Wurzel-, Stängel- und Blattreste abschneiden.

➤ Dahlienknollen dürfen während der Überwinterung nicht austrocknen. Deshalb bettet man sie in feuchten Sand oder Rindenmulch.

➤ Das Winterquartier muss dunkel sein, die Temperatur zwischen 5 und 10 °C liegen.

Winterschutz für Topfkulturen

An sich winterharte Zwiebelblumen wie Hyazinthen, Narzissen oder Tulpen brauchen, in Töpfen oder Kästen gezogen, einen Winterschutz. Umhüllen Sie das Pflanzgefäß mit Noppenfolie oder Sackleinen und stellen Sie es auf dicke Styroporplatten, um die Bodenkälte abzuhalten. Dann noch gegen Wind mit Fichtenreisig abdecken.

Winterschutz im Freien

Aus dem Mittelmeerraum stammende Anemonen, Holland-Iris und Inkalilien können den Winter über im Boden bleiben, benötigen aber einen Frostschutz. Dazu die Pflanzstellen mit Laub und Fichtenreisig zudecken. ∎

Gesunde Zwiebelblumen

Je eher man Schädlinge und Krankheiten an Zwiebelblumen erkennt, umso erfolgreicher können Gegenmaßnahmen wirken.

Da setzt man Zwiebeln und Knollen in der Hoffnung auf üppige Blüten in die Erde und plötzlich machen Krankheiten und Schädlinge den Pflanzen das Leben schwer. Lernen Sie, die Ursachen zu erkennen!

> *Blattläuse lieben junge, saftige Knospen und treten in Massen auf.*

Krankheiten vorbeugen

➤ **Zwiebelfäule:** Verschiedene Pilze bringen die Zwiebeln zum Faulen. Auch Bakterien können ein Faulen der Zwiebeln verursachen. Besonders leichtes Spiel haben die Erreger in staunassen Böden, da die Zwiebeln hier bereits aufgeweicht sind und die Bakterien leichter eindringen können. **Maßnahme:** Verfaulte Zwiebeln vernichten. Da Pilze einige Jahre im Boden überdauern können, sollte man an diese Stellen die nächsten fünf Jahre keine Zwiebeln mehr pflanzen.

➤ **Grauschimmel:** Zunächst fallen an Stängeln, Blättern oder Blüten braune Flecken auf, die sich verfärben und die Pflanzenteile zum Faulen bringen. Später bildet sich der charakteristische hellgraue Schimmelrasen. Auch eingelagerte Zwiebeln können von dem Erreger befallen werden. **Maßnahme:** Befallene Pflanzenteile oder Zwiebeln sofort entfernen und vernichten. Bieten Sie dem Pilz möglichst keine Angriffsfläche, indem Sie verwelkte Blüten und

> *Staunässe, aber auch viele Pilze oder Bakterien verursachen Zwiebelfäule.*

abgestorbene Pflanzenteile regelmäßig entfernen.

➤ **Blattfleckenkrankheiten:** Verschiedene Pilze rufen an den Blättern der Zwiebelblumen braune oder schwarze Verfärbungen hervor. Bei starkem Befall verdorren die betroffenen Pflanzenteile. **Maßnahme:** Damit sich die Pilze nicht ausbreiten, sollten Sie bei den ersten Anzeichen eines Befalls die betroffenen Blätter abzupfen und mit dem Hausmüll entsorgen.

Tierische Schädlinge eindämmen

➤ **Blattläuse:** Die saugenden Insekten treten im Frühjahr oft massenhaft an jungen

Trieben auf. **Maßnahme:** Am einfachsten geht's, wenn Sie die Blattlaus-Kolonien mit einem weichen Papiertuch vorsichtig abstreifen.

➤ **Narzissenfliege:** Ihre Maden bohren sich in die Zwiebeln von Narzisse, Schneeglöckchen oder Zierlauch und fressen sie von innen her auf. Die frisch austreibenden Blätter sind merkwürdig gekräuselt oder treiben überhaupt nicht mehr aus. **Maßnahme:** Achten Sie nach dem Abblühen darauf, dass die Zwiebelhälse nicht freiliegen, da die Narzissenfliege ihre Eier hier ablegt. Befallene Zwiebeln herausnehmen und vernichten.

➤ **Lilienhähnchen:** Die auffälligen, lackroten Käfer fressen Blätter und Blütenknospen von Lilien und Riesenlilien, manchmal auch von Kaiserkrone, Gladiole und Maiglöckchen an. Im Mai legen die Weibchen ihre Eier in akkuraten Reihen an den Blattunterseiten ab. Die schlüpfenden gelben Larven fressen ebenfalls Blätter und Blüten. **Maßnahme:** Wenn Sie die Käfer entdecken, sollten Sie sie täglich absammeln und im Mai die Blattunterseiten nach Eigelegen absuchen.

> *Lilienhähnchen sind hübsche, aber leider auch sehr gefräßige Käfer.*

➤ **Wühlmäuse:** Sie werden meist in ländlichen Gegenden zum Problem. Die Zwiebelblumen treiben nicht mehr aus, da ihre Speicherorgane teilweise oder komplett von den Nagern gefressen wurden. **Maßnahme:** Am meisten Erfolg verspricht es, die Zwiebeln und Knollen bei der Pflanzung in nagesichere Drahtkörbe zu setzen. Das Drahtgitter sollte an den Seiten bis zur Erdoberfläche hochgezogen sein.

CHECKLISTE

Vorbeugung

✔ Für einen guten Wasserabzug im Boden sorgen: Staunässe schwächt die Pflanzen und macht sie anfällig.

✔ Nicht zu dicht pflanzen: Ein luftiger Stand beugt Pilzerkrankungen vor.

✔ Achten Sie auf Hygiene: Verwelktes und Abgestorbenes entfernen, dann haben Schwächeparasiten wie Grauschimmel keine Chance.

✔ Befallene Pflanzenteile in den Hausmüll geben; nicht kompostieren!

Stecklinge und Teilung

Aus eins mach zwei, mach drei, mach vier … Von einigen Zwiebelblumen erhält man durch Stecklinge oder Teilung im Nu Nachwuchs. Praktischerweise betreffen diese Vermehrungsmethoden vor allem solche Arten, die man im Herbst ohnehin zur Überwinterung aus der Erde holen muss. Dazu gehören z. B. Begonien, Dahlien, Tagblume und Wunderblume. Der Vorteil vegetativer Vermehrungsmethoden ist der, dass die Nachkommen zu hundert Prozent der Mutterpflanze gleichen.

Stecklinge heranziehen

Bei dieser Methode bringt man junge Dahlien- oder Begonientriebe dazu, eigene Wurzeln zu entwickeln.

➤ Holen Sie die Knollen im Februar aus ihrer Überwinterungskiste und topfen Sie sie flach in Blumenerde. Bei Dahlien sollte der Wurzelhals freiliegen, bei Begonien die Knollenoberseite. Stellen Sie die Töpfe an einen hellen Platz, bei Temperaturen von 18–20 °C. Gut eignet sich dafür die Fensterbank.

➤ Nach einigen Tagen erkennt man schon die ersten Triebspitzen. Wenn die Triebe etwa 10 cm lang sind, schneidet man sie ab. Führen Sie den Schnitt so, dass ein Stück der Mutterknolle am Steckling haften bleibt.

➤ Jeder Steckling wird einzeln in einen Topf mit Balkonblumenerde gesetzt. Stülpen Sie dann eine durchsichtige Plastiktüte über den Topf, das erhöht die Luftfeuchtigkeit und fördert die Wurzel- und Blattbildung. **Wichtig:** Die Pflanze darf die Tüte nicht berühren, sonst beginnt sie zu faulen. Stecken Sie deshalb längere Holzstäbe oder zwei rundgebogene

> *Junge Triebe von Dahlien oder Begonien sind gut als Stecklinge verwendbar.*

SPARTIPP

Jungpflanzen-Tausch   >> schnell und einfach

Zieht man Nachwuchs von Zwiebelblumen, erhält man meist mehr Exemplare als eigentlich benötigt.

➤ Organisieren Sie mit Nachbarn und Freunden eine Tauschbörse für überschüssige Pflanzen.

➤ Neben neuen Arten bekommt man aus erster Hand auch gleich die richtigen Pflegetipps.

➤ Bewahren Sie die Zwiebeln und Knollen bis zum Tauschtermin kühl und dunkel auf. Stecklinge hingegen hell stellen und regelmäßig gießen.

Drähte als Abstandshalter in die Erde des Topfes.

➤ Nach etwa vier Wochen entdeckt man neue Blätter und kann davon ausgehen, dass die Jungpflanze inzwischen gut eingewurzelt ist. Zunächst wird die Tüte etwas hochgerollt und nach ein paar Tagen abgenommen.

➤ Die Jungpflanzen regelmäßig gießen und ab Mitte Mai nach draußen pflanzen.

Teilung von Knollen und Rhizomen

Diese Methode eignet sich für Zwiebelpflanzen, deren Knolle oder Rhizom mehrere Triebknospen aufweist, wie z. B. bei Alpenveilchen, Begonie, Dahlie, Kronenanemone, Tagblume, Winterling und Wunderblume. Nicht anzuraten ist hingegen eine Teilung von Zwiebelknollen wie sie Krokus oder Gladiole besitzen, da sie pro Knolle nur eine Triebknospe haben.

➤ Im Frühjahr oder Herbst die Knollen oder Rhizome aus dem Boden nehmen und von anhaftender Erde reinigen.

➤ Mit einem scharfen, desinfizierten Messer schneidet man Knolle oder Rhizom in Teilstücke mit mindestens einer Triebknospe.

> *Die spindelförmigen Knollen von Dahlien können einfach geteilt werden.*

➤ Stäuben Sie die Schnittstellen mit Holzkohlenpulver ein, das desinfiziert und beugt Infektionen vor. Anschließend lässt man die Teilstücke einige Tage an einem luftigen Ort trocknen.

➤ Winterharte Arten können dann wieder eingepflanzt werden, nicht winterharte dürfen nur bei einer Teilung im Frühjahr gleich nach draußen. Ansonsten müssen ihre Teilstücke wie die Mutterknolle frostfrei überwintert werden (→ Seite 33). ■

CHECKLISTE

Verjüngung durch Teilung

Krokusse, Narzissen und Tulpen machen sich mit den Jahren durch ihre zahlreichen Nebenzwiebeln und -knollen gegenseitig Konkurrenz und blühen immer schlechter.

✔ Als Gegenmittel heben Sie den Horst, kurz bevor die Blätter eingezogen sind, mit einer Grabegabel aus dem Boden.

✔ Zwiebel- oder Knollenklumpen auseinander pflücken und die Einzelteile gleich wieder einpflanzen oder bis zum Herbst lagern.

Brutzwiebeln & Co

Die Anzucht neuer Pflanzen aus Teilen der Mutterpflanze erfordert bei Zwiebelblumen kaum Extra-Aufwand. Auch wenn sie ein Leben im Verborgenen führen, müssen Zwiebeln und Knollen öfter mal ans Tageslicht geholt werden. Etwa um das Beet neu zu

➤ *Viele Lilien sind auch für Einsteiger sehr leicht zu vermehren.*

bepflanzen oder um sie vor frostigen Temperaturen im Winter zu schützen. Nutzen Sie diese unterirdischen Teile praktisch »im Vorbeigehen« zur Vermehrung.

Brutzwiebeln verwenden

Mit einigen wenigen Ausnahmen, wie etwa der Hyazinthe, bilden Zwiebelpflanzen direkt an der Zwiebel ihre Nachkommenschaft aus. Diese Brutzwiebeln besitzen das Potenzial, sich zu einer neuen Pflanze zu entwickeln.

➤ Bei frostempfindlichen Arten führt man die Vermehrung praktischerweise vor dem Einlagern durch. Säubern Sie die Zwiebeln und lassen Sie sie einige Tage trocknen. Von den gesunden Mutterzwiebeln trennt man die Brutzwiebeln ab und schichtet sie in eine Holzkiste zum Überwintern (→ Seite 33).

➤ Die Zwiebeln winterharter Arten nimmt man entweder kurz nach dem Einziehen ihres Laubes auf oder wartet damit bis zum Herbst. Markieren Sie die Pflanzstellen, damit Sie sie im Herbst wiederfinden (→ Seite 27). Werden die Zwiebeln vor ihrer Pflanzzeit aus der Erde geholt, sollte man sie bis zum passenden Termin kühl, dunkel und trocken lagern.

➤ Vielfach wird empfohlen, die Brutzwiebeln in ein eigenes Vermehrungsbeet zu setzen. Denn im ersten Jahr nach der Pflanzung fällt die Blüte vergleichsweise mickrig aus. Weniger problematisch ist das bei einer Verwendung in naturnahen Bereichen.

Brutknollen abnehmen

Auch Knollenpflanzen haben dieselbe Vermehrungstaktik – nur dass bei ihnen statt Zwiebeln kleine Brutknollen an

➤ 1 Brutzwiebeln

Reife Brutzwiebeln haben
bereits ihre eigene Außenhülle und lassen sich von der
Mutterzwiebel leicht mit den
Fingern abbrechen.

➤ 2 Brutknollen

Bei Knollenpflanzen wie der
Gladiole bilden sich an der
Basis der Mutterknolle viele
kleine Brutknollen. Man kann
Sie behutsam abtrennen.

➤ 3 Zwiebelschuppen

Die äußeren Zwiebelschuppen
von Lilien werden abgelöst
und zur Hälfte in Erde gesteckt. An ihrer Basis bilden
sich bald winzige Zwiebelchen.

der Mutterknolle hervor-
sprossen. Sie können in der
Regel ebenso leicht mit den
Fingern abgetrennt werden
wie die Brutzwiebeln.

Zwiebelschuppen nutzen

Die Lilienzwiebel setzt sich
aus vielen Einzelschuppen
zusammen. Jede von ihnen
kann eine neue Zwiebel her-
vorbringen.
➤ Nehmen Sie im Frühherbst
die Lilienzwiebeln auf und
trennen Sie einige äußere,
pralle Einzelschuppen ab. Die
Mutterzwiebeln werden
danach wieder eingepflanzt.
➤ Eine Anzuchtschale mit
einem Gemisch aus Erde und
Sand nimmt die Zwiebel-

schuppen auf. Sie werden in
Reihen mit der breiten Seite
nach unten in die Erde
gesteckt. Das obere Drittel
sollte noch herausschauen.
➤ Eine Plastikhaube über der
Schale beschleunigt die
Zwiebel- und Wurzelbildung.
➤ Nach einigen Wochen
haben sich an der Basis der
Zwiebelschuppen winzige
Zwiebelchen gebildet. Jede
zwiebeltragende Schuppe
wird in einen eigenen Topf
gesteckt und bei etwa 5–10 °C
weiterkultiviert.
➤ Wenn die Zwiebelchen
Daumennagelgröße erreicht
haben, können sie ausge-
pflanzt werden. Bis zur ersten
Blüte vergehen allerdings oft
drei bis fünf Jahre. ■

PRAXISINFO

Vermehrung durch Brutzwiebel & Co

🕑 **Zeitbedarf:**
10–20 Min. pro Pflanze

Material:

✗ eingezogene Zwiebel-
blumen

✗ Holzkiste für frostfreies
Überwintern empfind-
licher Brutzwiebeln

✗ Anzuchtschale, gefüllt mit
Substrat aus Erde und
Sand zur Vermehrung
durch Zwiebelschuppen

Werkzeug:

✗ Spaten zum Ausgraben

✗ wenn nötig, scharfes
Messer

✗ Pflanzschaufel oder
Zwiebelpflanzer

Pflanzenporträts

Die Klassiker

Nach der bekanntesten Zwiebelblume gefragt, wird fast jeder spontan die Tulpe nennen. Im Holland des 17. Jahrhunderts grassierte ein regelrechtes »Tulpenfieber«. Ausgefallene Tulpensorten wurden zu begehrten Spekulationsobjekten, deren Wert zum Teil ins Unermessliche stieg. Zum Glück ist das heute nicht mehr so und Sie können für jeden Gartenbereich die passende und gewünschte Tulpe zu leicht erschwinglichen Preisen erwerben.
Wenn die Tulpe die bekannteste Zwiebelblume ist, so ist das Dreigespann Tulpe, Narzisse und Hyazinthe die beliebteste Frühlingskombination. Ihre klaren, kräftigen Blütenfarben sind genau das Richtige, um auf Beeten und Rabatten sowie in Töpfen und Kästen den Beginn der warmen Jahreszeit zu feiern. Noch viel früher im Jahr, bereits ab Februar, künden Schneeglöckchen und Vorfrühlingskrokusse vom Nahen des Frühlings. Ihr Flor geht über in den der großblumigen Gartenkrokusse.

Hyazinthe
Hyacinthus-Orientalis-Hybriden

Höhe: 15–30 cm
Blütezeit: April – Mai
Zwiebelpflanze

➤ **ideal für Treiberei**

Blüten: weiß, gelb, apricot, rosa, rot, blau, violett; duftend; in dichten Trauben
Pflanzung: zwischen Ende September und Ende Oktober; 10–15 cm tief mit einem Abstand von mindestens 15 cm
Pflege: bei Trockenheit im Frühjahr gießen; verwelkte Blütentriebe abschneiden
Gestaltung: im Frühlingsbeet zusammen mit Tulpen und Narzissen; am sonnigen Gehölzrand zu Füßen einer Forsythie oder Felsenbirne; in Pflanzgefäßen; als Schnittblume

Krokus
Crocus-Hybriden

Höhe: 5–15 cm
Blütezeit: März – April
Knollenpflanze

➤ **tolle Farbtöne** ✳

Blüten: weiß, gelb, lila, blau, violett, auch zweifarbig; die intensiv gefärbten Griffel und Narben leuchten aus der Blüte
Pflanzung: die kleinen Zwiebelknollen kommen im Herbst 5–10 cm tief im Abstand von 10–15 cm in den Boden
Pflege: am besten ungestört ausbreiten lassen
Gestaltung: verschiedenfarbige Sorten in lückigen Rasenflächen, am sonnigen Gehölzrand sowie in vorderster Reihe auf Beeten und Rabatten; in Pflanzschalen

✳ pflegeleicht   ☼ sonnig   ◐ halbschattig   ● schattig

Narzisse
Narcissus-Hybriden

Höhe: 40–60 cm
Blütezeit: März – Mai
Zwiebelpflanze

➤ **Stimmungsmacher**

Blüten: sonnengelb, weiß, ein- und zweifarbig, leichter Duft
Pflanzung: im September oder spätestens im Oktober kommen die großen Zwiebeln 10–20 cm tief in die Erde; Abstand 10–15 cm; Zwei- oder Dreifachnasen bevorzugen!
Pflege: im Frühjahr bei Trockenheit gießen; alle 2 Jahre zum Austrieb organisch düngen
Gestaltung: harmoniert in Wiesen mit Anemonen, Wildtulpen und Blausternchen; in Beeten oder in Pflanzschalen; schöne Schnittblume

Schneeglöckchen
Galanthus nivalis

Höhe: 10–15 cm
Blütezeit: Februar – März
Zwiebelpflanze

➤ **völlig unkompliziert** ❁

Blüten: weiße, hängende Glöckchen, leicht duftend
Pflanzung: die haselnussgroßen Zwiebeln sollten im September 5–8 cm tief gesetzt werden; Abstand 10 cm
Pflege: am besten ungestört wachsen lassen; breitet sich durch Brutzwiebeln aus
Gestaltung: helle Standorte unter Laubgehölzen oder am Gehölzrand; wandert von hier in Wiesen und Rasen; hübsche Partner sind Winterlinge, frühe Krokusse und Alpenveilchen; in Töpfen und Schalen

Tulpe
Tulipa-Hybriden

Höhe: 20–70 cm
Blütezeit: April – Mai
Zwiebelpflanze

➤ **formen- und farbenreich**

Blüten: alle Farben außer Blau; oft auch mehrfarbig; große Blütenkelche teilweise zugespitzt, gefranst, gewellt, gefüllt
Pflanzung: zwischen Ende September und Anfang November 10–15 cm tief, im Abstand von 15–20 cm
Pflege: im Frühling bei Trockenheit gießen; Verblühtes abschneiden; alle 2–3 Jahre im Herbst Langzeitdünger geben
Gestaltung: mit Kaiserkronen, Narzissen und Hyazinthen auf Frühlingsbeeten und Rabatten; in Töpfen; gute Schnittblume

---

Die Wilden

Man steckt ihre Zwiebeln oder Knollen im Herbst in die Erde und ohne großes Zutun zeigen sich im nächsten Frühjahr die anmutigsten Blüten. Im darauf folgenden Jahr sind's bereits ein paar Pflänzchen mehr, bis sich im Lauf der Zeit dichte Blütenteppiche unter Sträuchern und im Rasen ausbreiten. Und alles, ohne dass man einen Finger krumm machen muss. – Eine Wunschvorstellung? Ja, aber mit den Wildarten aus dem Reich der Zwiebelblumen wird sie tatsächlich wahr!

Das Einzige, was Sie den liebenswerten Winzlingen bieten müssen, sind gute Startvoraussetzungen: ein lockerer, humoser Boden, in dem sich keine Staunässe bilden kann, und viel Sonnenlicht, um ihre Blüten aus der Erde zu locken. Vor allem Übergangsbereiche vom Gehölzrand zum Rasen und im Kronenbereich größerer Laubbäume bieten sich als Kulisse an. Später im Jahr dürfen diese Plätze dann ruhig im Schatten liegen.

Blausternchen
Scilla siberica

Höhe: 10–15 cm
Blütezeit: März – April
Zwiebelpflanze

➤ **einmaliger Blauton** ✿

Blüten: azurblau, weiß; sternförmige Glöckchen
Pflanzung: im Herbst möglichst umgehend nach dem Kauf, damit die Zwiebeln nicht austrocknen; etwa 10 cm tief, im Abstand von 10 cm
Pflege: ungestört wachsen lassen; breitet sich durch Brutzwiebeln zu größeren Beständen aus; auf kargen Böden im Herbst Kompost ausbringen
Gestaltung: unter Laubgehölzen und am Gehölzrand zu Narzissen, im Rasen zu Schneeglöckchen und Krokussen

Lerchensporn
Corydalis cava

Höhe: 10–25 cm
Blütezeit: März – April
Knollenpflanze

➤ **teppichbildend** ✿

Blüten: purpurrosa oder cremeweiß, mit langem Sporn; endständige Trauben
Pflanzung: die knapp walnussgroßen Knollen kommen 10–20 cm tief mit 30 cm Abstand in die Erde; beste Pflanzzeit ist Anfang September
Pflege: am besten in Ruhe lassen, damit er gut anwächst; entwickelt sich durch Selbstaussaat zu dichten Blütenteppichen
Gestaltung: unter Laubgehölzen, für Abwechslung sorgen dazwischen gesetzte Winterlinge und Schneeglöckchen

✿ pflegeleicht 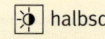 sonnig halbschattig ● schattig

Schachbrettblume
Fritillaria meleagris

Höhe: 20–30 cm
Blütezeit: April – Mai
Zwiebelpflanze

➤ **faszinierende Blüten** ❀

Blüten: purpur, rosa, weiß; anmutig nickende Glöckchen mit Schachbrettmuster
Pflanzung: die kleinen Zwiebeln im August oder September 10 cm tief setzen; Abstand mindestens 15 cm
Pflege: am besten ungestört wachsen lassen; im ersten Winter die Pflanzstellen mit Fichtenreisig abdecken
Gestaltung: am Gehölzrand oder in feuchten Wiesen zusammen mit Hasenglöckchen und Märzenbecher oder am Teichrand

Schneeglanz
Chionodoxa luciliae

Höhe: 10–15 cm
Blütezeit: März – April
Zwiebelpflanze

➤ **völlig unkompliziert** ❀

Blüten: sternförmig, in der Mitte weiß, zu den Spitzen hin intensiv blaulila oder rosa
Pflanzung: die kleinen Zwiebeln werden im September oder Oktober 5–10 cm tief gesetzt; 10 cm Abstand
Pflege: am besten ungestört wachsen lassen; an sehr sonnigen Plätzen im Frühjahr bei Trockenheit gießen
Gestaltung: besonders schön zu den gelben Blüten von Krokussen, Winterlingen oder Wildnarzissen am Gehölzrand oder im Rasen; im Steingarten

Winterling
Eranthis hyemalis

Höhe: 5–10 cm
Blütezeit: Februar – März
Knollenpflanze

➤ **völlig unkompliziert** ❀

Blüten: goldgelbe Schalenblüten; zarter Duft
Pflanzung: die Sprossknollen sollten im August oder September etwa 5 cm tief gesetzt werden; Abstand etwa 10 cm; die Knollen vor der Pflanzung in Wasser einweichen
Pflege: ungestört wachsen lassen; breitet sich durch Brutknollen und Selbstaussaat aus
Gestaltung: frühjahrshelle Standorte unter Laubgehölzen oder am Gehölzrand, wo auch Schneeglöckchen und frühe Krokusse blühen

Die Stars im Beet

Los geht's im Frühjahr mit der Kaiserkrone, deren unverwechselbare Blütenkronen die übrigen Frühlingsblüher wie Tulpe und Narzisse um einiges überragen. Einmalige Ausdruckskraft besitzen die kugelrunden Blüten der Zierlauch-Arten. Hochwüchsige Vertreter wie der Iran-Lauch ergeben in Kombination mit den langen Blütenschweifen der Steppenkerze Bilder von grafischer Schönheit. Opulente Üppigkeit und verführerischen Duft versprechen hingegen die faszinierenden Lilien-Arten und -Züchtungen. Für den Einstieg empfiehlt sich die anpassungsfähige Gruppe der Asiatischen Hybriden. Etwas mehr Aufwand muss man investieren, um Dahlien, Gladiolen, Monbretien und Blumenrohr im Beet zu kultivieren, denn ihre Speicherorgane sind nicht winterhart. Als Dank bezaubern sie bis zum Saisonausklang mit wunderschönen Blüten von intensiver Farbigkeit.

Dahlie
Dahlia-Hybriden

Höhe: 20–140 cm
Blütezeit: Juli – Oktober
Knollenpflanze

➤ **formen- und farbenreich**

Blüten: alle Farben außer Blau; einfach, halbgefüllt, gefüllt
Pflanzung: ab Ende April; die Knollen sollten 5–7 cm hoch mit Erde bedeckt sein; Abstand 30–50 cm
Pflege: zum Austrieb mit Volldünger versorgen; regelmäßig gießen und Verblühtes abschneiden; hohe Sorten stützen; Ende Oktober Knollen zum Überwintern herausholen
Gestaltung: auf Beet und Rabatte mit Sommerblumen, Gräsern, Blumenrohr und Gladiolen; haltbare Schnittblumen

Gladiole
Gladiolus-Hybriden

Höhe: 50–150 cm
Blütezeit: Juni – September
Knollenpflanze

➤ **auffällige Blütentürme**

Blüten: alle Farben außer Blau; oft auch mehrfarbig; trichterförmige Blütenkelche
Pflanzung: die rundlichen Zwiebelknollen werden ab Ende April 10–15 cm tief gesetzt; Abstand: 20–30 cm
Pflege: regelmäßig gießen und düngen; hohe Sorten stützen; verblühte Stiele abschneiden; im Herbst Knollen zum Überwintern herausholen
Gestaltung: an Zäunen; auf Beeten mit Sommerblumen, Stauden, Gräsern, Dahlien, Montbretien; Schnittblume

✿ pflegeleicht ☼ sonnig ◐ halbschattig ● schattig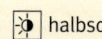

Iran-Lauch
Allium aflatunense

Höhe: 80–100 cm
Blütezeit: Mai – Juni
Zwiebelpflanze

➤ **auffällige Blütenbälle** ✿

Blüten: violette, sternförmige Blüte in ballförmiger Dolde
Pflanzung: die Zwiebeln im Herbst 10–20 cm tief im Abstand von 20–30 cm setzen
Pflege: Pflanzstelle alle 2 Jahre mit Kompost versorgen oder zum Austrieb im Frühjahr mineralisch düngen; verwelkte Blütenstände abschneiden
Gestaltung: in der Mitte oder im Hintergrund auf sonnigen Rabatten oder trockenen Kiesbeeten mit Steppenkerze und niedrigen Stauden oder Gräsern; schöne Schnittblume

Kaiserkrone
Fritillaria imperialis

Höhe: 60–100 cm
Blütezeit: April – Mai
Zwiebelpflanze

➤ **majestätische Erscheinung**

Blüten: gelbe, orangefarbene oder rote, nickende Glocken in einem endständigen Kranz; gekrönt von Blattschopf
Pflanzung: im Juli oder August möglichst umgehend nach dem Kauf, damit die Zwiebeln nicht austrocknen; 20–30 cm tief, im Abstand von 40–50 cm
Pflege: im Herbst mit Kompost oder im Frühjahr mit Volldünger versorgen; verblühte Stiele abschneiden
Gestaltung: im Frühlingsbeet mit späten Narzissen und Tulpen; im Bauerngarten

Lilie
Lilium – Asiatische Hybriden

Höhe: 50–200 cm
Blütezeit: Juni – August
Zwiebelpflanze

➤ **unkomplizierte Liliengruppe**

Blüten: weiß, gelb, orange, rosa, rot; oft auch mehrfarbig
Pflanzung: die Zwiebeln kommen im September oder Oktober doppelt so tief wie sie hoch sind (etwa 20–30 cm) in die Erde; Abstand 20–30 cm
Pflege: zum Austrieb düngen; bei Trockenheit gießen, hohe Sorten stützen; Verblühtes abschneiden
Gestaltung: auf Beeten und Rabatten; Unterpflanzung aus niedrigen Stauden und Sommerblumen vorteilhaft; schöne Schnittblumen

Die Balkon-schätze

Was wäre der Frühling auf Balkon und Terrasse ohne Zwiebelblumen? So richtig frühlingshaft wird's erst mit den Blüten von Trauben-hyazinthen, Ranunkeln und natürlich den Klassikern Tulpe und Narzisse. Wie im Garten kann das Frühlings-erwachen in Töpfen und Kästen von langer Hand vor-bereitet werden. Bereits im Herbst setzt man die Zwie-beln und überwintert die Pflanzgefäße in einer ge-schützten Ecke. Im Frühjahr können die frostempfindli-chen Ranunkelknollen dazu-gesetzt werden oder vorgezo-gene Stiefmütterchen und Vergissmeinnicht.

Zur eigentlichen Balkonblu-mensaison haben dann exo-tische Zwiebelblumen ihren Auftritt. Die farbenprächti-gen Blüten von Blumenrohr und Knollenbegonien begeis-tern wochenlang und sorgen zusammen mit den bizarren Blütenformen von Schopf-lilie, Tagblume oder Nerine für exotisches Flair.

Blumenrohr
*Canna-Indica-*Hybriden

Höhe: 50–150 cm
Blütezeit: Juni – Oktober
Rhizompflanze

➤ **lange Blütezeit**

Blüten: große exotische Blüten in weiß, gelb, orange, rosa oder rot; an hohen Schäften
Pflanzung: die knolligen Rhi-zome kommen ab Mitte Mai etwa 10 cm tief in die Erde; Ab-stand 40–70 cm
Pflege: regelmäßig düngen und gießen; verwelkte Blüten abschneiden; im Oktober zu-rückschneiden, die Rhizome frostfrei überwintern
Gestaltung: in hohen, standfes-ten Töpfen und Kübeln; auf Bee-ten und Rabatten mit Dahlien, Sommerblumen und Gräsern

Knollenbegonie
*Begonia-Tuberhybrida-*Gruppe

Höhe: 15–35 cm
Blütezeit: Mai – Oktober
Knollenpflanze

➤ **toll für schattige Balkone**

Blüten: weiß, gelb, orange, rosa, rot, zum Teil zweifarbig; meist gefüllte Formen
Pflanzung: ab Mitte Mai die Sprossknollen mit der bauchi-gen Seite nach unten 2–3 cm tief setzen; Abstand 20–40 cm
Pflege: regelmäßig gießen und Verblühtes entfernen; monat-lich düngen; die fleischigen Triebe stützen; Anfang Oktober die Knollen aus der Erde holen
Gestaltung: sehr schön In Kästen und Schalen; Hänge-begonien in Blumenampeln; als Einfassung von Rabatten

✿ pflegeleicht   sonnig   halbschattig   schattig

Ranunkel
Ranunculus-Asiaticus-Hybriden

Höhe: 20–40 cm
Blütezeit: April – Juni
Knollenpflanze

➤ **sonnige Blütenfarben**

Blüten: gefüllte Blüten in Weiß, Gelb, Orange, Rosa, Rot
Pflanzung: die Knollen vor der Pflanzung in Wasser einweichen; zwischen Februar und April pflanzen; mit den »Klauen« nach unten etwa 5 cm tief im Abstand von 15–20 cm
Pflege: regelmäßig gießen und düngen; Verblühtes abschneiden; nach dem Einziehen des Laubes Knollen aus der Erde nehmen und frostfrei lagern
Gestaltung: in Schalen und Kästen mit Hyazinthen und zweijährigen Frühlingsblühern

Schopflilie
Eucomis bicolor

Höhe: 30–50 cm
Blütezeit: Juli – August
Zwiebelpflanze

➤ **exotische Blütenschöpfe**

Blüten: der lindgrüne Blütenstand erinnert an eine Ananas
Pflanzung: die großen Zwiebeln können ab Mitte April 15–20 cm tief gesetzt werden; Abstand 20–30 cm
Pflege: zum Austrieb Volldünger geben; regelmäßig gießen; verwelkte Blütenstände abschneiden; im Herbst die Zwiebeln herausholen oder im Topf frostfrei und trocken überwintern
Gestaltung: am schönsten einzeln in Töpfen, neben anderen Exoten wie Tigerblume oder Schönhäutchen

Traubenhyazinthe
Muscari armeniacum

Höhe: 15–30 cm
Blütezeit: April – Mai
Zwiebelpflanze

➤ **vielseitig einsetzbar** ✿

Blüten: Blautöne; kugelige Einzelblüten in einer kegelförmigen Traube vereint
Pflanzung: die kleinen Zwiebeln kommen zwischen Ende August und Ende September 5–10 cm tief in die Erde; Abstand 10 cm
Pflege: Topferde darf nicht austrocknen; im Winter geschützt aufstellen; breitet sich im Freiland durch Brutzwiebeln aus
Gestaltung: in Pflanzgefäßen zusammen mit Tulpen, Narzissen; im Garten am Gehölzrand oder im Frühlingsbeet

Frühlingsblüher und Begleitpflanzen

Frühlings-Zwiebelblumen

Name	Licht	Blütezeit Blütenfarbe	Wuchs-höhe	Besonderheiten
Bärlauch *Allium ursinum*	◐ ●	April–Mai weiß	20–30 cm	zum Verwildern unter Laubgehölzen; intensiver, knoblauchähnlicher Duft
Buschwindröschen *Anemone nemorosa*	☼ ◐	März–Mai weiß	10–20 cm	am besten ungestört wachsen lassen; verwildert mit der Zeit
Dichternarzisse *Narcissus poeticus*	☼ ◐	April–Mai weiß mit gelber Mitte	30–40 cm	zum Verwildern in Wiesen und Rasen; angenehmer Duft
Elfenkrokus *Crocus tommasinianus*	☼	Febr.–März hellviolett	5–10 cm	erste zarte Frühlingsboten; zum Verwildern in Wiese und Rasen
Hasenglöckchen *Hyacinthoides hispanica*	◐ ●	Mai–Juni blau, weiß, rosa	25–40 cm	möglichst kühler, luftfeuchter Standort; verwildert mit der Zeit
Hundszahn *Erythronium dens-canis*	◐	März–April rosa, weiß, violett	10–20 cm	anmutige Blütenkrönchen; Knollen möglichst umgehend einpflanzen
Kronenanemone *Anemone coronaria*	☼ ◐	April–Mai weiß, rosa, rot, violett	25–40 cm	Beetpflanze; Winterschutz aus Laub und Fichtenzweigen empfehlenswert
Märzenbecher *Leucojum vernum*	◐ ●	März–April weiß	10–30 cm	zum Verwildern am Gehölzrand; angenehmer Duft; giftig
Milchstern *Ornithogalum umbellatum*	☼ ◐	April–Mai weiß	15–30 cm	sehr durchsetzungskräftig; ideal zum Verwildern am Gehölzrand
Prärielilie *Camassia cusickii*	☼ ◐	April–Mai hellblau	60–100 cm	schöne Schnittblumen; leichter Winterschutz empfehlenswert
Puschkinie *Puschkinia scilloides*	☼ ◐	März–April zartblau	15–20 cm	am besten ungestört wachsen lassen; verwildert mit der Zeit
Seerosen-Tulpe *Tulipa-Kaufmanniana*-Hybr.	☼ ◐	März–April; rot, gelb, orange, oft zweifarbig	20–30 cm	eine der frühesten Tulpen, die sich gut zum Verwildern eignet
Siegwurz *Gladiolus communis*	☼	Mai–Juni purpurrot	50–80 cm	möglichst warmer Standort; in Blumenwiesen oder am Gehölzrand
Trichterlilie *Paradisea liliastrum*	☼	Mai–Juni weiß	30–50 cm	Boden darf im Frühjahr nicht austrocknen; süßer Duft
Vorfrühlings-Alpenveilchen *Cyclamen coum*	◐	Febr.–April rosa, weiß, rot	5–10 cm	am sonnigen Gehölzrand; im ersten Winter mit Frostschutz

Schmucke Frühlings-Partner

Name	Licht	Blütezeit Blütenfarbe	Wuchs-höhe	Besonderheiten
Goldlack *Erysimum cheiri*	☼	April–Juni gelb, orange, rot	25–35 cm	zweijährig; hübscher Partner im Frühlingsbeet; leicht duftend; giftig
Hornveilchen *Viola-Cornuta*-Hybriden	☼	April–Juli viele Farbtöne	10–20 cm	Staude; ergibt eine hübsche Unter-malung zu hohen Tulpen und Narzissen
Kaukasus-Vergissmeinnicht *Brunnera macrophylla*	☼ ◐	März–Mai himmelblau	30–50 cm	Staude; am sonnigen Gehölzrand toll zu gelben Blüten
Lungenkraut *Pulmonaria officinalis*	◐ ●	März–April blau bis violett	15–30 cm	Staude; am Gehölzrand; auch seine gefleckten Blätter fallen auf
Primel *Primula vulgaris*	☼ ◐	Febr.–April viele Farbtöne	10 cm	Staude; auf Beeten und unter Laub-gehölzen eine farbenfrohe Begleitung
Stiefmütterchen *Viola-Wittrockiana*-Hybriden	☼	März–Mai viele Farbtöne	15–25 cm	zweijährig; ihre Sortenvielfalt macht feine Farbkompositionen möglich
Tausendschön *Bellis perennis*	☼ ◐	März–Mai weiß, rosa, rot	10–20 cm	zweijährig; gefüllte Blütenpompons ergeben eine hübsche Vorpflanzung
Vergissmeinnicht *Myosotis sylvatica*	☼	April–Juni himmelblau	15–30 cm	zweijährig; sein Blau harmoniert mit fast allen Zwiebelblumen

Ziergehölze als Schirmherren

Name	Licht	Blütezeit Blütenfarbe	Wuchs-höhe	Besonderheiten
Forsythie *Forsythia x intermedia*	☼	März–April gelb	1–4 m	Strauch; farbenprächtiges Bild mit roten Tulpen und blauen Hyazinthen
Magnolie *Magnolia-Soulangiana*-Hybr.	☼ ◐	April–Mai weiß, rosa	2–7 m	Großstrauch; schön mit Blaustern, Traubenhyazinthe, Tulpe und Narzisse
Rhododendron *Rhododendron*-Hybriden	◐ ●	Mai–Juni viele Farbtöne	0,5–5 m	Strauch; gedeiht nur auf Böden mit saurem pH-Wert; giftig
Zaubernuss *Hamamelis mollis*	☼ ◐	Jan.–Febr. gelb, orange, rot	3–5 m	Strauch; duftend; toll mit Elfenkrokus, Winterling, Schneeglöckchen
Zierkirsche *Prunus serrulata*	☼	April–Mai weiß, rosa	3–10 m	Strauch oder Baum; duftiger Blüten-himmel für Narzissen, Tulpen, Blaustern
Zierquitte *Chaenomeles*-Hybriden	☼ ◐	März–April weiß, rosa, rot	0,3–2 m	Strauch; attraktive Kulisse für farben-frohe Frühlingsbeete

Sommer- und Herbstschönheiten

Sommerblühende Zwiebelblumen

Name	Licht	Blütezeit Blütenfarbe	Wuchs- höhe	Besonderheiten
Hakenlilie *Crinum x powellii*	☼	Juli–Aug. weiß, rosa	80–100 cm	geschützter Standort; duftende Blüten; Winterschutz aus Laub und Reisig
Holland-Iris *Iris-Hollandica-Hybriden*	☼	Mai–Juni viele Farbtöne	40–60 cm	nach der Blüte trocken halten; schöne Schnittblume; Winterschutz
Indianertulpe *Calochortus luteus*	☼	Juni–Juli gelb	30–50 cm	weite Blütenschalen; nicht winterhart; Zwiebeln im Herbst herausholen
Inkalilie *Alstroemeria-Ligtu-Hybriden*	☼ ◑	Juni–Aug. viele Farbtöne	60–100 cm	möglichst warme Plätze; rechtzeitig abstützen; nicht winterhart
Kugellauch *Allium sphaerocephalon*	☼	Juli–Aug. rot	50–80 cm	Blütendolden werden beim Aufblühen eiförmig; schöne Schnittblume
Madonnenlile *Lilium candidum*	☼	Juni–Juli weiß	80–150 cm	intensiver Duft; im Staudenbeet und zu Rosen; Winterschutz empfehlenswert
Montbretie *Crocosmia x crocosmiiflora*	☼ ◑	Juli–Sept. gelb, orange, rot	50–80 cm	am warmen, geschützten Platz anspruchslos; sonst nicht winterhart
Riesenlauch *Allium giganteum*	☼	Juli–Aug. rosa	100–150 cm	imposante Erscheinung im Staudenbeet; in den Hintergrund pflanzen
Riesenlilie *Cardiocrinum giganteum*	◑	Juli–Aug. weiß	150–300 cm	imposante Erscheinung für den Gehölzrand; Winterschutz erforderlich
Sommerhyazinthe *Galtonia candicans*	☼	Juli–Sept. weiß	100–150 cm	duftende Glockenblüten; hoher Nährstoffbedarf; nicht winterhart
Steppenkerze *Eremurus-Hybriden*	☼	Juni–Juli viele Farbtöne	100–250 cm	vorsichtig einpflanzen, da Wurzelknollen leicht brechen; Winterschutz
Sterngladiole *Gladiolus callianthus*	☼	Aug.–Okt. weiß	50–60 cm	edle Blüten mit starkem Duft; schöne Schnittblumen; nicht winterhart
Sumpfkalla *Calla palustris*	☼ ◑	Juni–Aug. weiß	20–30 cm	fühlt sich auf nassen Böden am Teichrand wohl; giftig
Tagblume *Commelina tuberosa*	☼	Juni–Sept. blau	50–70 cm	lang anhaltende Blüte; warmer Standort; nicht winterhart
Türkenbundlilie *Lilium martagon*	◑	Juni–Juli weiß, rot	50–150 cm	zurückgeschlagene Blütenblätter; hohe Sorten stützen; auch zum Verwildern

Herbstblühende Zwiebelblumen

Name	Licht	Blütezeit Blütenfarbe	Wuchs-höhe	Besonderheiten
Goldkrokus *Sternbergia lutea*	☼	Sept.–Okt. gelb	10–25 cm	am warmen, sonnigen Gehölzrand; Reisigabdeckung im Winter; giftig
✿ **Herbst-Alpenveilchen** *Cyclamen hederifolium*	◑	Sept.–Okt. weiß, rosa	10–15 cm	Blätter oft lebhaft gemustert; ideal am Gehölzrand
Herbstknotenblume *Leucojum autumnale*	☼	Sept.–Okt. weiß	10–20 cm	Winterschutz aus Laub und Reisig; giftig
✿ **Herbstzeitlose** *Colchicum autumnale*	☼ ◑	Aug.–Okt. rosa, violett	10–20 cm	Blätter entwickeln sich erst nach der Blüte; zum Verwildern; giftig
Nerine *Nerine bowdenii*	☼	Sept.–Okt. pink	40–50 cm	exotische Blüten; schön zu rosafarbenen Dahlien; nicht winterhart
✿ **Prachtkrokus** *Crocus speciosus*	☼ ◑	Sept.–Nov. violett	5–10 cm	Blütenblätter dunkel geadert; verwildert am Gehölzrand und im Rasen
✿ **Safrankrokus** *Crocus sativus*	☼ ◑	Sept.–Nov. violett	5–10 cm	seine orangeroten Narben liefern den begehrten Safran; zum Verwildern
Scheinorchis *Roscoea purpurea*	☼ ◑	Aug.–Sept. rot	40–60 cm	orchideenähnliche Blüte; schön am Gehölzrand; Winterschutz

Exotische Topfschönheiten

Name	Licht	Blütezeit Blütenfarbe	Wuchs-höhe	Besonderheiten
Goldglöckchen *Sandersonia aurantiaca*	◑	Juli–Aug. orange	60–150 cm	Kletterpflanze; lampionähnliche Blüten; nicht winterhart
Klebschwertel *Ixia*-Hybriden	☼	Mai–Juli viele Farbtöne	40–60 cm	warmer Standort; nicht winterhart; Überwinterung hell bei 10–15 °C
Schönhäutchen *Hymenocallis narcissiflora*	☼	Juni–Juli weiß	40–60 cm	herrlicher Duft; nicht winterhart; Überwinterung hell bei etwa 10 °C
Tigerblume *Tigridia pavonia*	☼	Juni–Sept. viele Farbtöne	45–60 cm	Blütenzentrum raubtierartig gemustert; nicht winterhart
Wunderblume *Mirabilis jalapa*	☼	Juni–Okt. viele Farbtöne	60–100 cm	verschiedenfarbige Blüten an einer Pflanze; nicht winterhart
Zimmercalla *Zantedeschia aethiopica*	☼	Juni–Aug. weiß	40–80 cm	winzige Blüten, von weißem Hüllblatt geschützt; nicht winterhart

Zwiebelblumen für besondere Plätze

Zwiebelblumen im Steingarten

Name	Licht	Blütezeit Blütenfarbe	Wuchs- höhe	Besonderheiten
Alpenveilchen-Narzisse *Narcissus-Cyclamineus-Hybr.*	☀ ◑	März–April weiß, gelb, zweifarbig	20–35 cm	bevorzugt einen kühlen Platz im Schutz größerer Steine
✿ **Ankara-Krokus** *Crocus ancyrensis*	☀	Febr.–März gelb	5–10 cm	goldgelbe Blüten sind ein schöner Farbkontrast zu Blau und Violett
Fritillarie *Fritillaria pyrenaica*	☀ ◑	April–Mai rotbraun und gelb	30–40 cm	gelbe Innenfärbung der Glöckchen gibt hübschen Kontrast
Frühlingsstern *Ipheion uniflorum*	☀	März–Mai; weiß, violett überhaucht	10–20 cm	blüht nur an einem geschützten Platz zuverlässig; Reisig als Winterschutz
Goldlauch *Allium moly*	◑	Mai–Juni gelb	20–30 cm	bevorzugt frische Böden; schön zu blau blühenden Partnern
✿ **Herbstkrokus** *Crocus pulchellus*	☀ ◑	Sept.–Nov. violett	5–10 cm	Farbtupfer zum Saisonausklang im Steingarten
Hundszahnlilie *Erythronium tuolumnense*	◑	April–Mai gelb	30–40 cm	anmutige Blüten; Zwiebelknollen möglichst umgehend pflanzen
Iris *Iris danfordiae*	☀	Febr.–März gelb	10–20 cm	gelbes Pendant zur blauen Netziris; in rauen Lagen Winterschutz erforderlich
✿ **Kleiner Gelbstern** *Gagea minima*	☀	April–Juni gelb	5–10 cm	wächst gerne im Schutz größerer Steine; unkompliziert
✿ **Kordilleren-Sauerklee** *Oxalis adenophylla*	☀	Mai–Juli rosa	5–10 cm	auch die graugrünen, vielteiligen Blätter zieren sehr hübsch
Kretischer Aronstab *Arum creticum*	☀ ◑	April–Mai weiß, gelb	20–40 cm	im Winter entwickeln sich aus dem Blütenstand kugelige rote Beeren; giftig
Lichtblume *Bulbocodium vernum*	☀ ◑	Febr.–April pink	5–10 cm	Knollen sofort pflanzen; brauchen im Frühling Bodenfeuchte; giftig
Netziris *Iris reticulata*	☀	Febr.–März blau, violett	10–20 cm	geschützter Platz am Sonnenhang; passt gut zum gelben Ankara-Krokus
Reifrocknarzisse *Narcissus bulbocodium*	☀ ◑	April–Mai gelb	15–20 cm	ungewöhnliche Blütenform; im Frühling bei Trockenheit gießen
Rosenzwerglauch *Allium oreophilum*	☀	Juni–Juli rosa	10–20 cm	lockere Blütendolden mit glöckchen- förmigen Blüten

Zwiebelblumen für saure Moorböden

Name	Licht	Blütezeit Blütenfarbe	Wuchs-höhe	Besonderheiten
Dreiblatt *Trillium grandiflorum*	☼ ●	April–Juni weiß	20–40 cm	feuchter, aber gut durchlässiger Boden; auch die großen Blätter zieren
Feuerkolben *Arisaema candidissimum*	☼ ●	Juni–Juli; grün mit rosa und weiß	50–70 cm	Blickfang unter Rhododendren und anderen Gehölzen; duftend; giftig
Goldbandlilie *Lilium auratum*	☼	Aug.–Sept. gelb und weiß	100–180 cm	für milde, luftfeuchte Lagen; intensiver Duft; in rauen Lagen Winterschutz
Japan-Orchidee *Bletilla striata*	☀ ☼	Mai–Juli dunkelrosa	30–50 cm	geschützter Platz vor Zwergkoniferen; im Winter mit Laub und Reisig abdecken
Kanadische Wiesenlilie *Lilium canadense*	☀ ☼	Juni–Juli gelb, rot	80–150 cm	Blickfang vor dunkellaubigen Gehölzen; mit Holzstab stützen
Kaschmir-Lerchensporn *Corydalis cashmeriana*	☼	April–Mai blau	10–15 cm	sein intensives Blau bildet einen reizvollen Kontrast zu Rhododendronblüten
Königsfrauenschuh *Cypripedium reginae*	☼	Mai–Juni weiß mit rosa	40–60 cm	die empfindlichen Rhizome nur mit Erdballen im Topf kaufen; Winterschutz
Prachtlilie *Lilium speciosum*	☼	Aug.–Sept. rosa und weiß	80–120 cm	Lilien-Kostbarkeit; toll vor Rhododendren; braucht Winterschutz
Tibet-Orchidee *Pleione*-Hybriden	☼ ●	April–Mai; weiß, gelb, rosa, violett	5–15 cm	anspruchsvoll, aber faszinierende Blüten; im Winter Tontopf überstülpen
Trauerglocke *Uvularia grandiflora*	☼ ●	April–Mai gelb	30–40 cm	auf humusreichem Boden genügsam; hübsch unter Rhododendren

Zwiebelblumen fürs Zimmer

Name	Licht	Blütezeit Blütenfarbe	Wuchs-höhe	Besonderheiten
Amaryllis, Ritterstern *Hippeastrum*-Hybriden	☀	Dez.–März viele Farbtöne	30–80 cm	ab Ende Okt. bei 15–20 °C antreiben; regelmäßig gießen und düngen; giftig
Blutblume *Scadoxus multiflorus*	☀	Aug.–Okt. rot	30–50 cm	Zwiebeln im Frühjahr pflanzen; nach der Blüte bei 10–15 °C einziehen lassen
Eidechsenwurz *Sauromatum venosum*	☀	Jan.–April rotbraun gesprenkelt	40–50 cm	ab Nov. treiben; schöner Blütenstand; strenger Geruch; giftig
Jakobslilie *Sprekelia formosissima*	☀	April–Mai rot	20–30 cm	Zwiebel im Febr. eintopfen; ab Sept. Ruhezeit bei etwa 15 °C; giftig

Arbeitskalender

Januar – April: Frühe Zwiebelblumen halten Hof

JANUAR

- ➤ **Kombinieren:** Schmökern Sie in Gartenbüchern. Besonders schöne Kombinationen sollten Sie sich notieren.
- ➤ **Pflanzen:** Zur Treiberei vorgesehene Pflanzen bei 10–12 °C aufstellen. Erst wenn sich die Triebspitzen gebildet haben, dürfen Sie die Töpfe wärmer stellen.
- ➤ **Pflegen:** Kontrollieren Sie die in Holzkisten eingelagerten Speicherorgane regelmäßig auf Schädlinge und Krankheiten.

FEBRUAR

- ➤ **Planen:** Die Bestellung für die Frühjahrspflanzung abschicken.
- ➤ **Kombinieren:** Gehen Sie spazieren! Überall spitzen jetzt die ersten Frühlingsboten aus der Erde und bieten Anregung.
- ➤ **Pflanzen:** Holen Sie sich mit vorgetriebenen Hyazinthen und Narzissen aus der Gärtnerei einen Hauch von Frühling in die Wohnung.
- ➤ **Vermehren:** Dahlien- und Begonienknollen zur Stecklingsvermehrung antreiben.

Mai – August: Sommer-Highlights mit Zwiebelblumen

MAI

- ➤ **Kombinieren:** Skizzieren Sie Ihr Staudenbeet. So finden Sie die besten Stellen für die sommerblühenden Zwiebelblumen.
- ➤ **Pflanzen:** Die Speicherorgane frostempfindlicher Arten erst nach den Eisheiligen nach draußen setzen. Gleiches gilt auch für vorgezogene Pflanzen.
- ➤ **Pflegen:** Wer Lilien kultiviert, sollte diesen Monat besonders auf das lackrote Lilienhähnchen achten.

JUNI

- ➤ **Kombinieren:** Versetzen Sie Zwiebeln, deren einziehendes Laub störte, oder suchen Sie nach Stauden, die den unschönen Anblick nächstes Jahr verdecken.
- ➤ **Pflanzen:** Lücken im Staudenbeet können mit Zwiebelblumen aus der Gärtnerei geschlossen werden. Setzen Sie die Pflanze so tief, wie sie zuvor im Topf stand.
- ➤ **Pflegen:** Sommerblüher und in Gefäßen gezogene Arten gut gießen und düngen.

September – Dezember: Herbstliche Blütenfeuer

SEPTEMBER

- ➤ **Pflanzen:** Narzissen und alle anderen Frühlings- und Frühsommerblüher in Garten, Balkonkästen und Töpfe setzen.
- ➤ **Pflegen:** Die Abstützung hoher Dahlien-Sorten überprüfen. Verblühtes entfernen.
- ➤ **Vermehren:** Holen Sie die Zwiebeln von Lilien heraus und trennen Sie einige Zwiebelschuppen zur Vermehrung ab. Mutterpflanzen wieder einsetzen.

OKTOBER

- ➤ **Pflanzen:** Tulpen und alle anderen Frühlings- und Frühsommerblüher.
- ➤ **Pflegen:** Alle empfindlichen Arten aus der Erde holen und frostfrei lagern. Draußen überwinternde Arten organisch düngen.
- ➤ **Vermehren:** Knollen und Rhizome teilen und Teilstücke wie die Mutterknollen und Rhizome überwintern. Von Zwiebeln Brutzwiebeln, von Knollen Brutknollen abnehmen.

MÄRZ

➤ **Planen:** Notieren Sie sich jene Stellen, die noch verbesserungswürdig sind, und welche Arten noch gut ins Bild passen würden.

➤ **Pflanzen:** Für eine frühe Blütezeit können Sie frostempfindliche Arten wie Dahlie und Gladiole auf der Fensterbank vorkultivieren.

➤ **Pflegen:** Frühlingsblüher bei lang anhaltenden Trockenperioden gießen.

➤ **Vermehren:** Folienhaube von jungen Dahlien- und Begonienstecklingen entfernen.

APRIL

➤ **Pflanzen:** Alle Zwiebeln und Knollen, die im Herbst nicht rechtzeitig gepflanzt wurden, kommen jetzt in die Erde. Ebenso herbstblühende Alpenveilchen und spät blühende Lilien-Arten.

➤ **Pflegen:** Verwelkte Blütenstiele entfernen und das vergilbte Laub abschneiden.

➤ **Vermehren:** Verjüngung dichter Narzissen- und Tulpenhorste durch Teilung. Junge Dahlien- und Begonienstecklinge pflegen.

JULI

➤ **Planen:** Geben Sie Ihre Herbst-Bestellung bei Blumenzwiebel-Versendern rechtzeitig auf und planen Sie Ihre Urlaubszeit mit ein, damit das Päckchen nicht wochenlang auf der Post liegt.

➤ **Pflegen:** Arten mit hohem Nährstoffbedarf mineralisch düngen; gießen nicht vergessen. Standschwache Pflanzen können jetzt noch eine Stütze erhalten, damit sie beim nächsten Gewitter nicht umfallen.

AUGUST

➤ **Pflanzen:** Führen Sie bodenverbessernde Maßnahmen wie Kompostdüngung und Dränage rechtzeitig vor der Pflanzung durch. Die Zwiebeln von Kaiserkrone und Madonnenlilie sollten Anfang des Monats in den Boden. Jetzt pflanzt man auch Herbstkrokusse und Herbstzeitlosen.

➤ **Pflegen:** Regelmäßig gießen, aber Ende des Monats das letzte Mal düngen, damit die Zwiebeln ausreifen können.

NOVEMBER

➤ **Planen:** Vermissen Sie letzte Blütentupfer, bevor der Winter Einzug hält? Herbstzeitlose und Herbstkrokus blühen bis November!

➤ **Pflanzen:** Jetzt wird' s höchste Zeit, dass die letzten Zwiebeln noch in die Erde kommen. Bei rauer Witterung besser bis zum Frühjahr warten!

➤ **Pflegen:** Winterschutz für alle empfindlichen Arten im Garten und in Gefäßen ausbringen.

DEZEMBER

➤ **Kombinieren:** Gartenbücher sind ein tolles Geschenk und bieten viele Anregungen!

➤ **Pflanzen:** Wer seine Weihnachtstafel mit blühender Amaryllis schmücken möchte, sollte Anfang des Monats vorgetriebene Pflanzen erwerben und warm aufstellen.

➤ **Pflegen:** In Kisten überwinternde Speicherorgane regelmäßig auf Schädlinge und Krankheiten kontrollieren.

Die **halbfett** gesetzten
Seitenzahlen verweisen auf
Abbildungen.

Literatur

Frank, Reinhilde: *Zwiebel- und Knollengewächse.* Ulmer Verlag, Stuttgart

Greiner, Karin, Hagen, Thomas und Weber, Angelika: *Zwiebel- und Knollenpflanzen.* ADAC Verlag, München

Hensel, Wolfgang: *GARTENSPASS für Einsteiger.* Gräfe und Unzer Verlag, München

Zeitschriften

FLORA
Gruner + Jahr AG & Co
20459 Hamburg

Gartenspaß, Garten & Wohnen sowie *mein schöner Garten.* Burda Senator Verlag GmbH, 77652 Offenburg

Kraut & Rüben
DLV GmbH
80797 München

Bezugsquellen

Blumenzwiebeln:
Albrecht Hoch
Potsdamer Straße 40
14163 Berlin-Zehlendorf

Klare & Sackmann
Zur Lerchenheide 46
26939 Ovelgönne

Treppens & Co.
Berliner Straße 84–88
14169 Berlin-Zehlendorf

Amaryllis- und Hyazinthengläser:
Querbeet
Frauenstraße 12
80469 München

Bildnachweis

Alle Fotos von Schneider/ Will mit Ausnahme von: Becherer: 34 li.; Bornemann: U4 mi., 8, 11, 22 li., 24, 25, 26, 27, 29, 32, 37; Borstell: 46 li.; Nickig: 16, 38, 46 re., 48 re.; Pforr: 39 li., 44 li., 45 li., 48 li.; Redeleit: 13; Reinhard: 14, 49 mi.; Spohn: 47 mi.; Strauß: 9, 47 re.
Illustration von Heidi Janiček.
Fotos auf dem Umschlag und im Innenteil:
Umschlagvorderseite: Narzissen; Umschlag innen / S. 1: Blütenmeer aus Tulpen und Narzissen; S. 4/5: Blumenzwiebeln treiben; S. 40/41: Wiese mit Dichternarzissen; S. 64: Hyazinthe; Umschlagrückseite: Tulpen und Vergissmeinnicht (li.), Utensilien für die Pflanzung (mi.), Dahlie (re.).

Wichtige Hinweise

➤ Einige der hier beschriebenen Pflanzen sind giftig oder hautreizend. Sie dürfen nicht verzehrt werden.

➤ Bewahren Sie Dünge- und Pflanzenschutzmittel für Kinder und Haustiere unerreichbar auf.

➤ Wenn Sie sich bei der Arbeit verletzen, sollten Sie umgehend einen Arzt aufsuchen. Eventuell ist eine Impfung gegen Tetanus erforderlich.

Die Autorin

Karin Heimberger-Preisler studierte in Innsbruck und Stuttgart-Hohenheim Biologie. Sie besitzt jahrelange Erfahrung als Autorin und Redakteurin, u. a. für die Zeitschriften »mein schöner Garten«, deren Sonderheft »GARTEN Träume« und »Burda Garten & Wohnen«. Dazu verfasste sie bereits rund ein Dutzend Bücher.

Die Fotografen

Jutta Schneider und Michael Will sind seit vielen Jahren als freie Fotojournalisten tätig. Ihre besondere Vorliebe gilt den Themen »Natur und Garten«. Ihre Bilder erscheinen in Kalendern, Zeitschriften und Büchern.

Dank

Die Fotografen danken der Stylistin Manuela Park aus Karlsruhe für die Dekorationen beim Osterbrunch. Verlag, Autorin und der Fotograf H. Bornemann danken der Firma Klare & Sackmann für die freundliche Unterstützung.

Impressum

© 2002 Gräfe und Unzer Verlag GmbH, München
Alle Rechte vorbehalten. Nachdruck, auch auszugsweise, sowie Verbreitung durch Film, Funk, Fernsehen und Internet, durch fotomechanische Wiedergabe, Tonträger und Datenverarbeitungssysteme jeder Art nur mit schriftlicher Genehmigung des Verlags.

Redaktion: Angelika Holdau
Lektorat: Jolanda Englbrecht
Umschlaggestaltung und Layout: independent Medien-Design, München
Produktion: Renate Hutt
Satz: Uhl + Massopust, Aalen
Reproduktion: Longo, Bozen
Druck und Bindung: Kaufmann, Lahr
Printed in Germany

ISBN 3-7742-5444-3

Auflage	4	3	2	1
Jahr	2005	2004	2003	2002

GU PFLANZENRATGEBER

Wenig tun, viel genießen.

ISBN 3-7742-3624-0
64 Seiten
7,90 € [D]

ISBN 3-7742-3643-7
64 Seiten
7,90 € [D]

ISBN 3-7742-3633-x
64 Seiten
7,90 € [D]

ISBN 3-7742-5441-9
64 Seiten
7,90 € [D]

ISBN 3-7742-3621-6
64 Seiten
7,90 € [D]

Gärtnern schnell und einfach? Gar kein Problem! Das 5-Stufen-Erfolgsprogramm zeigt Ihnen, wie's geht.

WEITERE TITEL ZUM THEMA GARTEN:

➤ Das große GU Gartenbuch

➤ Gärten gestalten

➤ Gartenspaß für Einsteiger

➤ Gartenjahr für Einsteiger

Gutgemacht. Gutgelaunt.

QUALITÄT KAUFEN

Kaufen Sie nur solche Zwiebeln und Knollen, die **keine** erkennbaren **Krankheiten** und Schäden aufweisen. Neben der Pflanzenart sollte auch der Sortenname oder **zumindest** die **Blütenfarbe** angegeben sein. Eine größere Auswahl an Sorten und Raritäten findet man beim Zwiebelblumen-Spezialisten.

So haben Sie Freude an Zwiebelblumen & Co

BODEN VERBESSERN

Ein Boden mit gutem Wasserabzug, in dem sich **keine Staunässe** bilden kann, ist der beste Garant für gesunde Zwiebeln und Knollen. Schwere Böden sollten Sie mit Sand lockern und mit einer **Dränageschicht** aus grobem Sand, feinem Kies, Splitt oder anderen wasserdurchlässigen Materialien unterlegen.

VERBLÜHTES ABSCHNEIDEN

Die Frucht- und Samenbildung kostet der Blume viel **Kraft**, die man ihr ersparen kann, indem man die Blüte bald nach dem **Verwelken** abschneidet. Setzen Sie Schere oder Messer nicht zu tief an, damit die noch grünen Laubblätter nicht verletzt werden!

LAUB EINZIEHEN LASSEN

Die Laubblätter sind die Kraftwerke der Zwiebelblumen: Hier werden die **Speicherstoffe** produziert, die später in den unterirdischen Zwiebeln oder Knollen eingelagert werden. Deshalb dürfen Sie die Blätter erst nach dem vollständigen **Verwelken** abschneiden!